JN255551

開拓社叢書 31

生成意味論入門

阿部　潤【著】

開拓社

はしがき

本書は，意味論の入門書を意図して書かれたものである．タイトルに「生成」が付け加えられているのは，チョムスキーの生成文法（Generative Grammar）を念頭に，この理論的枠組みの中で重要と考えられる意味的概念や現象を解説することを意図したためである．できるだけ前提概念を排し，高校卒業程度の英語力を持ってすれば理解可能な内容としているため，大学の学部生用の入門のテキストとして活用されることを期している．とくに，データは英語を用いていることから，英語学科の学生を念頭に書かれてはいるが，他学科の学生でも十分に読みこなせるものと思われる．また，チョムスキーの生成文法は統語論を中心に研究が進められているが，意味論は統語論とは切っても切れない関係にある．その意味では，生成文法の統語論を専門として実際に研究に励んでいる大学院生などにも，参考書として活用して頂きたい．また，本書では，読者の理解を助けるために，要所要所に，問題を付している．これは，復習や応用問題として章や節の終わりにまとめて置かれた問題集というのではなく，論を進めるのに，読者がポイントを理解しているかを確かめる役割を担っている．なお，【問題】の解答は，開拓社の下記 URL よりダウンロードの上，確認いただきたい．

http://www.kaitakusha.co.jp/book/book.php?c=1826

本書では，筆者が生成文法の統語論を専門とすることから，統語論と関わりの深い四つの主題を主に取り上げている．一つは，Jackendoff (1972) によってもたらされ，その後，生成文法内で盛んに研究された，述語と項の意味的関係を主に捉える語彙意味論（lexical semantics）に関するもので，そのごく初歩的なものが第 2 章で述べられている．二つ目は，Chomsky（1975, 1976）や May（1977）などによって論じられた統語論の論理形式（Logical Form）の研究にとって必要不可欠な論理的概念，例えば，数量詞と束縛変項などに関するもので，その基本的なものが第 3 章で解説されている．三つ目は，文の情報構造に関するもので，とりわけ，Chomsky（1970）や Jackendoff（1972）によって議論された文の焦点と前提に関するものが第 4 章で述べられている．そして，四つ目は，Kuno and Kaburaki（1977）によって導入された，話者の視点もしくはカメラアングルを表す「エンパシー」に関するもので，第 5 章で簡単に述べられている．

本書は，平成 24 年度と平成 25 年度の 2 年間，東北学院大学で担当した「意味論」と平成 28 年度秋田大学で担当した集中講義のノートが基になっている．本書を完成させるにあたって，受講生からの質問や講義に対する反応など，いろいろと参考にさせてもらった．このような機会を与えて頂いたことに対して，関係諸氏に深く感謝申し上げたい．

最後に，開拓社の川田賢氏に本書の趣旨に賛同して頂き，出版にこぎつけることができた．深く感謝申し上げる．

2017 年　芒種

阿部　潤

目　次

はしがき

第 1 章　意味論とは？ ……………………………………… 1

1. 言葉の意味を構成するもの ………………………………… 1
2. 意味論で用いられる基礎的概念 …………………………… 8

第 2 章　語彙意味論 ………………………………………… 13

1. 動詞の分類：Vendler (1967) ……………………………… 13
2. 項の述語に対する意味役割：主題関係 …………………… 22
   2.1. 時間領域 (Temporal Field) …………………………… 29
   2.2. 所有領域 (Possessive Field) ………………………… 30
   2.3. 同定領域 (Identificational Field) …………………… 33
   2.4. 着点の有界性 ………………………………………… 34
   2.5. その他の主題関係と残された問題 …………………… 37
3. 統語構造への写像 ………………………………………… 47
4. 「主語」が果たす意味 …………………………………… 55
5. 修飾 ………………………………………………………… 57
   5.1. 副詞 …………………………………………………… 58
   5.2. 法助動詞 ……………………………………………… 67
   5.3. 形容詞 ………………………………………………… 70
6. まとめ ……………………………………………………… 74

第 3 章　論理的意味 ………………………………………… 79

1. 時制と相：Reichenbach (1947) …………………………… 79

2. 否定と作用域 …… 89
3. 数量詞と作用域の相互作用 …… 95
3.1. 存在数量詞と指示的不透明性 …… 99
3.2. 普遍数量詞の配分読みと集合読み …… 105
4. 束縛変項としての代名詞 …… 108
4.1. 再帰代名詞と発音されない代名詞 …… 114
4.2. 相互代名詞 …… 117
5. 不透明性：信念文脈の場合 …… 121
6. まとめ …… 124

第 4 章　情報構造 …… 129

1. 焦点と前提 …… 129
2. Yes-No 疑問文における焦点と前提 …… 133
3. 否定文における焦点と前提 …… 138
4. 焦点と結びつく小辞 …… 141
5. 叙実的述語と前提 …… 146
6. 確定記述と前提 …… 149
7. まとめ …… 158

第 5 章　話者の視点 …… 161

1. エンパシー …… 161
1.1. 「やる」と「くれる」 …… 163
1.2. 再帰代名詞「自分」とエンパシー …… 166
2. 再帰代名詞「自分」と自覚条件 …… 168
3. まとめ …… 171

参考文献 …… 173

索　　引 …… 177

生成意味論入門

第 1 章

意味論とは？

1.　言葉の意味を構成するもの

言葉と言えば，話し言葉や書き言葉が典型的にあげられ，ちょっと特殊なものと言えば，手話をあげることができる．これらは，その表し方に違いこそあれ，これらを言葉たらしめているのは，これらに「意味」が結びついているからである．**「意味論」**（**semantics**）は，基本的に言葉の様々な意味特性を明らかにするものである．具体的にどのような特性を言葉が示すのかを概観するために，ある文の意味がどのようにして決定されるのかを見ていく．例として，以下の英文を考える．

(1)　John kissed Mary.

この文は書き言葉では三つの単語に分かち書きされるが，話し言葉としては，単なる音の連鎖であり，英語を知らない人にとってみれば，音はつながって聞こえるであろう．しかし，言葉の本質的特性として，連続した音のつながりは，書き言葉で表されるように，単語のような単位に分解することができる．実際，言葉をどのような単位に分解するかは，言葉の研究領域によって異なってくるが，ここで問題となっている，ある文の意味がどのように決定されるのかという問いに対して重要となってくる単位は，「意味を持つ最小単位」である．これをここでは**「単語」（word）**と呼ぶことにする．そうすると，まず言えることは，文は意味を持つ最小単位である単語に分解でき，各々の単語が文全体の意味を決定するのに関わっているということである．(1) の文で言えば，この文は三つの単語から成り，文全体の意味は，それら三つの単語の意味から導き出される．

この三つの単語は，意味的観点からすると，大きく二種類に分けられる．一つは，文の中核的働きを担っている**「述語」（predicate）**と呼ばれるものである．(1) の場合には，kiss がそれに相当する（差し当たり，過去時制は無視する）．この述語というのは，文の中核的働きを担いつつも，それ自身だけでは不完全な意味を表している．というのは，kiss は「キスをする」という行為を表しているが，これだけでは，「誰が」「誰に」という意味情報が欠けているからである．この「誰が」「誰に」という意味情報を補うのが，**「項」（argument）**と呼ばれるものである．(1) では，John と Mary がこれに相当する．この二つの項は，述語 kiss に対して異なった意味的役割を担っている．John は kiss に対して「行為者」として働き，Mary は「行為の受け手」として働いている．このように，文の基本的意味は，述語と項からなり，それぞれの項は述語に対して異なった意味的役割を担っていると言える．この意味分析に基づいて，(1) は以下のように表示される．

(2)　kiss (John, Mary)

この表示では，述語を kiss (x, y) のような関数と考えて，項である x, y に John や Mary のような値が与えられると，文の意味が得られることを表している．さらに，John と Mary では，kiss に対する関係が異なることから，第一項 x が kiss の行為者を表し，第二項 y が kiss の行為の受け手を表していると解釈される必要がある．したがって，(3a) の文は (1)

と異なり，(3b) のように表示される．

(3) a. Mary kissed John.
　　b. kiss (Mary, John)

ここで一つ重要なことは，(3b) のような意味表示がどのような規則に基づいて (3a) のような文，厳密には音連鎖に対応しているのか，ということである．これには，単語の結びつき方，専門用語を用いれば，**「統語」(syntax)** を考える必要がある．文を構成する単語がどのように結びついているのかを表したものを，その文の**「統語構造」(syntactic structure)** と呼ぶ．例えば，(3a) の統語構造は以下のように表すことができる．

(4)
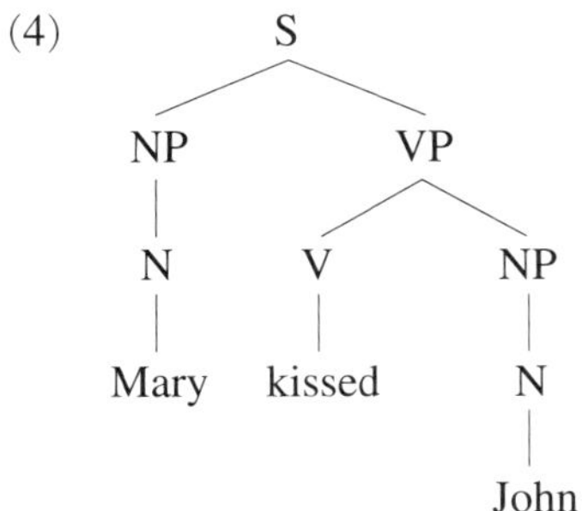

この構造は，文 (S(entence)) が主語の働きをする名詞句 (N(oun)P(hrase)) と述部の働きをする動詞句 (V(erb) P(hrase)) に大きく分解でき，さらに，動詞句は，動詞 (V(erb)) と目的語の働きをする名詞句に分解できることを示している．この際，「主語」や「目的語」という概念は，単語そのものが持つ意味というのではなく，名詞句が統語構造上どの位置を占めているかによって決定される意味的概念である．つまり，S のすぐ下にあって，述部と対の働きをする名詞句が「主語」であり，VP のすぐ下にあって，V と密接な関係にある名詞句が「目的語」である．このような概念が与えられれば，(4) の統語構造から (3b) に簡略的に示された意味を導き出すために必要な規則は，概略以下のようなものである．

(5)　この文の主語を述語 kiss の行為者と解釈し，目的語を行為の受け手と解釈せよ．

このようにして，文の意味は，統語構造を媒介として正しく導き出されることがわかる．すなわち，(1) と (3a) の二つの文では，どの名詞句が主語で，どの名詞句が目的語かについて異なっており，それに従って，どの名詞句が kiss の行為者または行為の受け手と解釈されるか異なってくる．

文を構成する要素としては，述語と項の他に，**「修飾語」**(**modifier**) をあげることができる．修飾語は，主に述語を修飾する「副詞」と項内の名詞を修飾する「形容詞」に分類できる．以下の例文において，

(6)　A handsome boy kissed a beautiful girl passionately.

副詞 passionately は動詞 kiss を修飾する働きを担っており，形容詞 handsome と beautiful はそれぞれ boy と girl を修飾する働きを担っている．さらに，文を構成する要素としてなくてはならないのは，**「時制」**(**tense**) および進行形や完了形で表される**「相」**(**aspect**) である．(7) では，run (John) の述語－項関係で表された出来事が，それぞれ，現在 (7a)，過去 (7b)，未来 (7c) で起きることを意味し，(8) では，run (John) の述語－項関係で表された出来事が，現在進行中であること (8a) や，現在完了していること (8b) を表している．

(7) a.　John runs.
　　b.　John ran.
　　c.　John will run.
(8) a.　John is running.
　　b.　John has run.

このように，文は，意味的観点からすると，述語－項を中心にして，修飾語が随意的に加わり，さらに時制そして相が与えられることから成り立っ

ている．これらの意味的特性については，第 2 章および第 3 章 1 節で詳述することになる．

このほかに文の意味を構成するものとして特徴的な働きをする表現として，**「作用域」**（**scope**）を持つ表現をあげることができる．以下の文を考察してみよう．

(9)　All arrows did not hit the target.

この文は，以下に示す通り，いわゆる全否定と部分否定の読みを持つ．

(10) a.　すべての矢が的に当たらなかった．
　　 b.　すべての矢が的に当たったわけではない．

(9) の文が二通りの解釈を許すのはなぜであろうか．これまで考察してきた意味の構成物，例えば，述語や項や修飾語という概念を用いては，この事実を説明することはできない．ここで必要とされている概念は，not や all __ などが持つ「作用域」という特性である．作用域とは，多少比喩的に言えば，それら言語表現が持つ「意味的勢力範囲」のようなもので，一文に作用域を取る表現が二つある場合には，「どちらの意味的勢力範囲が広いのか，もしくは狭いのか」という意味的関係を生み出すようなものである．したがって，(9) の場合，not と all arrows の間でどちらの表現が，広い作用域を取るのかによって二通りに解釈されることになる．この作用域の関係を以下のように表すのが慣例である．

(11) a.　all arrows ＞ not
　　 b.　not ＞ all arrows

(11a) が，all arrows が広い作用域を取ることを表し，(11b) が not が広い作用域を取ることを表している．(11a) が (10a) の全否定の意味を生み出し，(11b) が (10b) の部分否定の意味を生み出している．この作用域の特性に関しては，第 3 章で詳述することになる．

文の意味を決定する際には，その文を構成する単語の意味，および単語同士の意味的関係，例えば，述語と項の関係，修飾語と修飾される語の関係，作用域を取るもの同士の関係などが関わっていることを述べてきた．このような語彙的意味関係とは全く別個に，文がどのような状況でどのような意図で発せられるのかを考慮した場合に，文のどの部分が**「前提」**（**presupposition**）の部分を成し，どの部分に**「焦点」**（**focus**）が当たっているのかが，文の意味を広義に解釈した場合，重要な意味的要素を成す．このように，文のどの部分が前提を成し，またどの部分に焦点が当たっているのかを明示したものを，その文の**「情報構造」**（**information structure**）と呼ぶ．例えば，（1）の文は，何の前提もなく，会話の切り出しとして発話される場合も考えられるが，以下の各対で疑問文とそれに対応する応答文として表したように，何らかの前提が働いた状況で，（1）が発話されることがある．

（12） a. Who kissed Mary?
　　 b. JOHN kissed Mary.
（13） a. Who did John kiss?
　　 b. John kissed MARY.
（14） a. What did John do to Mary?
　　 b. John KISSED Mary.

それぞれの対の（b）の応答文では，大文字で表された部分に焦点が当たり，その他の部分は，前提として働いている．このような前提と焦点に基づいた情報構造とはどのような特性を持っているのかを，第 4 章で詳述する．

話者が文を発話する際には，前提や焦点に基づいた情報構造の他に，話者がどのような視点もしくは「カメラアングル」で発話するのかが，重要な働きをする場合がある．このような話者の視点もしくはカメラアングルは，**「エンパシー」**（**empathy**）と呼ばれる．例えば，以下の文において，

(15) a. John hit Mary.
b. John hit his wife.
c. Mary's husband hit her.

仮にジョンとメアリーが夫婦だとすると，(15a, b, c) はすべて同じ状況を言い表している．しかしながら，この状況に参画している二人のどちらに話者がエンパシーを置いているのかを考察すると，(15a) では話者のエンパシーがニュートラルであるのに対して，(15b) と (15c) では，話者のエンパシーが異なっている．すなわち，(15b) では，話者の視点がジョンに置かれ，その視点から，メアリーが「彼の妻」という形で言い表されているのに対して，(15c) では，話者の視点がメアリーに置かれ，その視点から，ジョンが「メアリーの夫」という形で言い表されている．このようなエンパシーの概念が，文の理解にどのように関わっているのかを，第 5 章で考察する．

本書の構成は概略以上のようなものである．この他に，広義の意味での意味論には，**「語用論」(pragmatics)** が含まれる．狭義の意味での意味論においては，基本的には，文を単位にして，それに内在する意味的特性を明らかにするものであるが，語用論は，そのような文が，誰によって，誰に向かって，どのような状況で，どのような意図を持って発せられるのかを詳らかにするものである．例えば，以下の文を考察してみる．

(16) Could you pass me the salt?

この文は，文字通りに解釈すれば，「あなたは塩を私に手渡してくれることができますか」といういわゆる yes-no 疑問文である．しかしながら，この文が，何人かの人がテーブルについて食事をしている場面で発せられた場合，この文の話し手は，聞き手に対して，実際に塩を自分に渡してくれることを期待してこの文を発しているし，聞き手もそれを察して実際にそのような行為を行うのが慣例である．このように，実際には文の意味として内在的には存在しないが，そのような文がある慣例的な状況下で用いられると，その文に特殊な「意味」が付与されることがある．これは，ディロン（1977/1984）の言葉を借りれば，**「会話の含意」**（**conversational implicature**）と呼ばれる．また，日本語からの一例として，以下の文を考察してみる．

(17)　何しに来たの？

この文は，文字通りには，話し手が聞き手に，話し手の所にやって来た理由を尋ねている文であるが，状況によっては，聞き手が来たことに対する話し手の否定的態度が含意される場合がある．このことは，多くの読者が経験済みのことと思われる．これも，会話の含意の例である．

本書では，このような語用論に属する「意味」については扱わないが，読者にあっては，是非ともこの分野の入門書を参照して頂きたい．

2.　意味論で用いられる基礎的概念

本節では，ディロン（1977/1984）に従って，意味論でよく用いられる基礎的概念を解説する．

(A) あいまい性（ambiguity）：

文の中には，一文で二通り以上の解釈を許すものがあるが，そのような文を**「あいまい」**（**ambiguous**）であると称する．このあいまいな文に関して興味深いのは，そのあいまい性が様々な要因に帰せられるという事実である．前節で文の意味がどのような要素によって決定されるのかを概観したが，それらの要素があいまい性を生み出す要因となっている．まず，以下の文を考察する．

(18) a. He dusted the plants.
b. She watered them. (ディロン (1977/1984: 4))

これらの文はそれぞれ二通りに解釈可能であるが，それは，動詞 dust と water の語彙的意味に帰することができる．すなわち，dust は (18a) において「ほこりを取り除く」という意味にも解釈されるし，逆に「ほこりか何かを振りかける」という意味にも解釈できる．また，(18b) において water は「水をやる」という意味にも解釈されるし，「水で薄める」という意味にも解釈できる．次に，統語構造に起因するあいまいな文を考察する．

(19) a. The woman saw the man with binoculars.
b. Flying planes can be dangerous. (Chomsky (1955: 215))

(19a) は with binoculars が動詞 saw を修飾するのか man を修飾するのかによって，二通りに解釈できる．また，(19b) は，flying を自動詞の現在分詞形として planes を修飾するものと解するのか，「飛ばす」という他動詞が planes をその目的語として取っていると解するのかによって，二通りに解釈できる．これらの文では，そのあいまい性が単にある単語のあいまい性に帰することができるものではないことに留意してほしい．Chomsky (1955) はこのようなあいまいな文を**「構造的同音異義」**(**constructional homonymity**) を示す文と呼んでいる．((19a, b) に付与される統語構造とその解説については，阿部 (2008) を参照せよ．) さらに，前節で解説した作用域の取り方の違いに起因するあいまい文が存在する．

(20) All arrows did not hit the target. (= (9))

この文では，個々の単語は同じ意味を表し，この文に付与される統語構造は一通りで，(4) のような主語－動詞－目的語の構造を持つにもかかわらず，二通りに解釈できる．このあいまい性は，(11) に示した通り，all arrows と not のどちらが広い作用域を取るのかによって得られる.

(B) 変則性 (anomaly):

以下の英文は,適格な英語とみなすことができるであろうか.

(21) a. They amused the tulips.
 b. Green ideas sleep furiously. (ディロン (1977/1984: 4))

(21a, b) 共に,ある意味では,文法的である.というのは,(21a) は,その統語構造として,(4) のような主語－動詞－目的語の構造を持ち,(21b) は,主語－自動詞構文で,主語が形容詞－名詞から成り,自動詞が副詞によって修飾されているからである.この点で,(21a, b) はそれぞれ (22a, b) と同じ統語構造を持っていると言える.

(22) a. They liked the tulips.
 b. Pretty children sleep peacefully.

しかしながら,(21a, b) は,(22a, b) とは異なり,適格な英語とみなすことはできない.というのは,これらの文では,述語と項の意味的関係,そして修飾語と被修飾語の意味的関係に不適格性が見られるからである.動詞 amuse は,「～が～を楽しませる」という二項述語であり,この述語の意味性質上,目的語には楽しませられる人が生起するが,(21a) では,the tulips が楽しませられる対象となっている.また,(21b) において,sleep の意味性質上,主語には人や動物が典型的に生起するが,この文においては,ideas がその主語の働きをしている.さらに,green と ideas そして furiously と sleep の修飾語－被修飾語の意味的関係も不適格である.このような意味的不適格性を,**「変則的」**(**anomalous**) と称する.

【問題 1】 以下の文はなぜ変則的であるか,説明せよ.

(23) a. I like colorless red fabric.
　　 b. The police accidentally chased the thief.
(24) a. John intentionally murdered Mary.
　　 b. I have a male uncle.

(C) 論理的含意 (entailment)：

ある文と別の文の意味的関係を考察した場合，一方が真なる文であることが判明すると，必然的に他方の文も真とみなされるような意味的関係にある文が存在する．例えば，以下の文を考察する．

(25) a. She killed him.
　　 b. He died.
(26) a. John regrets beating his wife.
　　 b. John beat his wife.

(25) において，「彼女が彼を殺した」ことが真であれば，必然的に「彼は死んだ」ことが真となる．また，(26) において，「ジョンは自分の妻を殴ったことを後悔している」ことが真であれば，必然的に「ジョンは自分の妻を殴った」ことが真となる．このような意味的関係にある対の文において，前者は後者を**「論理的に含意する」(entail)** と言う．また，このような含意関係が両方向に成り立つような対の文が存在する．

(27) a. Not everyone came.
　　 b. Some didn't come.

この対の文において，「すべての人が来たわけではない」が真であれば，必然的に「何人かの人は来なかった」ことが論理的に含意され，また，「何人かの人が来なかった」が真であれば，「すべての人が来たわけではない」ことが論理的に含意される．このように，論理的含意関係が両方向に成り立つ場合，その当の両文は，**「等価である」(equivalent)** とか**「同義であ**

る」(**synonymous**) と言う.

ここで問題にしている含意関係が「論理的である」のは，そのような意味的関係が，発話された状況などに依存することなく，言語表現自体で成り立つ関係だからである．例えば，以下の対の文を考察する.

(28) a. It began to rain.
b. The ground began to get wet. (ディロン (1977/1984: 12))

この二つの文は，一見すると含意関係にあるように思われる．すなわち,「雨が降り始めた」が真であれば,「地面が濡れ始めた」が含意されるように思われる．しかしながら，この関係は通常考えられる状況では真であっても，当然ながら，このような状況が成り立たない場合もまた想像できる．例えば，ディロンが言うように,「地面が防水シートで覆われているような場合」この含意関係は成り立たない．したがって，(28a) の文は，(28b) の文を論理的に含意するとは言えない.

第 2 章

語彙意味論

本章では，文の意味的骨格を成す述語（predicate）と項（argument）そして修飾語（modifier）の意味特性を主に扱う．このような機能を担う語彙の意味特性を扱う理論を，**「語彙意味論」**（**lexical semantics**）と呼ぶ．まず述語の代表格である動詞の意味特性を Vendler（1967）の動詞の分類に基づいて解説し，次に，Jackendoff（1972，1983）の枠組みを用いて，述語と項の意味的関係を詳らかにする．そして，修飾語については，形容詞と副詞を取り上げ，その様々な意味特性を明らかにする．また，意味的には副詞に似た働きをする法助動詞について，簡単に触れる．

1．動詞の分類：Vendler (1967)

動詞の分類と言えば，まず**「動作動詞」**（**active verb**）と**「状態動詞」**（**stative verb**）が存在することがよく知られている．動作動詞とは，日本語で言えば「～する」に当たる動作を表す動詞であり，run「走る」，write「書く」，work「働く」などが，動作動詞に属する．これに対して，状態動詞とは，日本語で言えば「〜している」に相当する状態を表す動詞であり，know「知っている」，love「愛している」などが，状態動詞に属する．この二種類の動詞は，様々な言語特性を基準に分類が可能である．

(A) 進行形：

動作動詞は進行形の形を取ることができるが，状態動詞はできない（以下，変則的な文を # で表すことにする）．

(1) a. I am running (or writing, working, etc.).
b. #I am knowing (or loving, etc.).

この事実は，進行形の意味的働きを考慮すると合点がいく．(1a) では，動作動詞が進行形の形を取っているが，そうすることによって，この文は，主語 I のある状態を表しているとみなすことができる．それは，この文を日本語に訳すと，「私は走っている（書いている，働いている)」となることから証拠付けられる．このように，進行形の意味的働きを「動作を状態に変換する」と特徴付けると，なぜ状態動詞が，(1b) に示された通り，進行形を取らないのかを説明することができる．というのは，状態動詞は，それ自体で状態を表しているからである．

(B) 現在形：

状態動詞は，(2b) に示された通り，現在形で意味の通る自然な文を表すことが可能であるが，動作動詞は，(2a) に示された通り，現在形で用いた場合，変則的である（この違いは日本語にも当てはまる)．

(2) a. #I run/write/work.
(私は走る／書く／働く)
b. I know/love you.
(私はあなたを知っている／愛している)

(2a) が変則的であるという事実は，今まさに起こっている状況をあるものの動作として言語化することはできず，(1a) のように，状態という形で言語化する必要があることを示唆している．(2a) はそのような解釈下では変則的ではあるが，日常的に繰り返される習慣的動作と解釈することは可能である．

さて，Vendler (1967) の動詞の分類で特徴的なのは，動作動詞をさらに細分化したことにある．ヴェンドラーは，通常の動作動詞（これをヴェンドラーは**「活動動詞」**(**activity verb**) と呼ぶ）に加えて，**「達成動詞」**(**accomplishment verb**) と**「到達動詞」**(**achievement verb**) を認めている．まず，活動動詞と達成動詞について述べる．活動動詞には，run「走る」や push a cart「カートを押す」のように，言わば「連続した均一の動作」を表すものが属するのに対して，達成動詞には，draw a circle「円を描く」や run a mile「1 マイル走る」のように，言わば「達成点を持つ動作」を表すものが属する．（厳密には，ここで問題となっているのは動詞自体の分類ではなく，目的語を含めた動詞句の分類であることに注意してほしい．）ヴェンドラーはこの二種類の動詞の違いを以下のように述べている．

(3) [W]hile running or pushing a cart has no set terminal point, running a mile and drawing a circle do have a "climax," which has to be reached if the action is to be what it is claimed to be. (Vendler (1967: 100))

（「走る」や「カートを押す」という行為は，何ら定まった終点を持たないが，「1 マイル走る」や「円を描く」という行為は，「到達点」を持っていて，もしその行為が主張されている通りのものであるならば，その到達点に達する必要がある．）

この違いは，それぞれの動詞が進行形で用いられた場合に表している意味を考察すると，よりはっきりとする．

(4) a. He is running/pushing a cart.
(彼は走っている／カートを押している)
b. He is drawing a circle/running a mile.
(彼は円を描いている／1マイルを走っている)

(4a) では，当該の行為が均質的に連続しており，もしこの行為を途中で中止したとしても，「彼が走った」ことや「彼がカートを押した」ことは事実として認められる．これに対して，(4b) では，当該の行為には「到達点」が存在するために，もしこの行為を途中で中止すると，「彼が円を描いた」ことや「彼が1マイルを走った」ことにはならない．

さらに，この二種類の動詞を見分ける基準として，時間の長さを表す for ~ 表現（～の間）と時間の経過を表す in ~ 表現（～経って）との相性がある．活動動詞は，for ~ 表現（～の間）と相性がいい．

(5) a. For how long did he push the cart?
(彼はどれくらいの間カートを押したの)
b. He was pushing it for half an hour.
(彼は30分間それを押していた)
c. #How long did it take to push the cart?
(カートを押すのにどれくらいかかったの)

push the cart のような活動動詞は，(5a) のように，時間の長さを聞く for how long と共に用いることができ，それに対して，(5b) のように答えることができる．他方，(5c) のように経過を表す it take ~ 表現と共に用いられると，変則的である．これは，「一連の均一の動作」を表す活動動詞にとって，その時間の長さを聞くことは意味をなすが，「到達点」を持たないがゆえに，経過を表す表現とは相いれないことを示している ((5c) は，日本語訳からも明らかなように，無理に解釈すれば，「カートを押し始めるのにどれくらいかかったのか」というような意味となる)．

これに対して，達成動詞は，in ~ 表現（〜経って）との相性がいい．

(6) a. How long did it take to draw the circle?
（円を描くのにどれくらいかかったの）
b. It took him twenty seconds to draw the circle/He did it in twenty seconds.
（彼には 20 秒かかった）
c. #For how long did he draw the circle?
（彼はどれくらいの間円を描いたの）

draw the circle のような達成動詞は，(6a) のように，時間の経過を聞く it take ~ 表現と共に用いることができ，それに対して，(6b) のように答えることができる．他方，(6c) のように時間の長さを表す for how long と共に用いられると，変則的である．これは，「到達点」を持つ達成動詞にとって，その到達点に達するのにどれくらいかかったのかをを聞くことは意味をなすが，逆に行為が均質ではないがゆえに，時間の長さを表す表現とは相いれないことを示している．ちなみに，draw the circle を draw circles に変えると (6c) は容認可能な文となる．というのは，この場合，draw circles は「円を描く」行為の反復と解釈され，その反復行為が均質であると見なされるために，for ~ 表現と相いれるのである．

【問題 1】 (7) の二つの文では，for ~ 表現と in ~ 表現で変則性が逆転しているが，その理由を説明せよ．

(7) a. John pushed the car #in an hour/for an hour.
b. John pushed the car to the gas station in an hour/#for an hour.　（米山・加賀 (2001: 49)）

ちなみに，状態動詞は，「均質性」という点では活動動詞と同様であり，その点で，時間の長さを表す for ~ 表現と相性がいい．

(8) a. For how long did you love her? For three years.
  b. How long did you believe in the stork? Till I was seven.

(8b) では，till ~ 表現が用いられているが，これは「～までの間」という意味で，時間の長さを表す別の表現と言える．

到達動詞 (achievement verb) には，reach the hilltop「丘の頂上に到達する」，win the race「レースに勝つ」や spot/recognize something「何かを見つける／認識する」などが属する．この動詞は，「到達点」を持つという点では，達成動詞と同様であるが，達成動詞が「到達点を持つある継続的行為」を表すのに比して，到達動詞は，「到達点」のみを言い表している．この点で，この動詞は，時間軸上のある一点を表す at ~ 表現と相性がいい．

(9) a. At what time did you reach the top? At noon sharp.
  b. At what moment did you spot the plane? At 10:53 A.M.
  c. At this moment he has won the race.

(9c) に関して，この文は現在完了形の形を取っているが，上述のように ((2a) を参照のこと) 動作動詞は，現在形を用いて今現在の動作を表すことはできないが，このように完了形を用いると，「たった今レースに勝った」という意味で at this moment「この瞬間に」と共起できる．到達動詞は，達成動詞同様，「到達点」を持つので，経過を表す in ~ 表現とも共起できる．

(10) a. It took him three hours to reach the summit.
  b. He found it in five minutes.

しかしながら，上述通り，到達動詞と達成動詞では「行為の継続性」を含んでいるか否かで異なる．例えば，達成動詞である write a letter「手紙を書く」という行為は，そのような行為の状態がある時間の長さで継続することを含意するが，到達動詞である reach the top「頂上に到達する」には，時間の継続性という概念は含まれず，単に「到達点」を言い表している．ヴェンドラーはこの違いを以下のように言い表している．

(11) When I say that it took me an hour to write a letter ..., I imply that the writing of the letter went on during that hour. ... Even if one says that it took him three hours to reach the summit, one does not mean that the "reaching" of the summit went on during those hours. (Vendler (1967: 104))
(私が手紙を書くのに 1 時間かかったと言う時，手紙を書くことがその時間の間継続していたことを意味している．(それに対して) もし頂上に到達するのに 3 時間かかったと人が言ったとしても，その頂上に「到達すること」がその時間の間継続していたことは意味しない.)

この二種類の動詞の意味の違いは，これらの動詞を進行形にした場合に意味するところのものを考察するとよりはっきりする．

(12) a. I am writing a letter.
(私は手紙を書いている)
b. I am reaching the top.
(私は頂上に到達しつつある)

(12a) では，「手紙を書く」という行為が，その完成に向かって継続していることを意味しているが，(12b) では，継続しているのは「頂上に到達する」行為ではなく，それ以前の「頂上に向けて登る」行為である．この状況を日本語で言い表すには，(12b) の訳文にあるように，「〜しつつある」という表現を用いる必要がある．通常，進行形は日本語で「〜している」と訳されるが，到達動詞に限っては，この規則は成り立たない．したがって，(12b) を「私は頂上に到達している」と訳すと，すでに頂上に到達してしまっていることになり，誤りである．逆に言うと，ある動詞を進行形にした場合，その正しい訳として「～しつつある」としなければならない場合，その動詞は到達動詞であると言える．

動詞によっては，ヴェンドラーの分類に従うと，同じ動詞が二種類の異なったものに分類できるものがある．

【問題 2】 以下の二文に使われている think は，これまでのヴェンドラーの動詞の分類に従うと，どのように特徴付けられるべきか説明せよ．

(13) a. He is thinking about Jones.
b. He thinks that Jones is a rascal.

【問題 3】 以下の例文を参考にして，see「見る／見える」が，ヴェンドラーの動詞の分類に従うと，どのように特徴付けられるべきか説明せよ．

(14) a. At that moment I saw him.
b. I've seen it.

(15) A: How long did you see the killer?
B: Oh, I am quite tall, I saw him all the time he was in the courtroom. I was watching him.

(16) Do you *still* see the plane?

このように，see は二種類の分類が可能であるが，これをさらに支持する証拠が知覚構文の考察から得られる．spot は see と異なり，純粋に到達動詞であるが，この動詞が S-V-O-C の構文で用いられた場合，C に現れる動詞は進行形になる必要がある．

(17) a. I spotted him crossing the street.

b.　I spotted him running.

(18)　a.　#I spotted him cross the street.

b.　#I spotted him run.

この事実をヴェンドラーは以下のように説明する．

(19)　Spotting (an achievement) connotes a unique and indivisible time instant. Now running or crossing the street are processes going on in time … and as such cannot be broken down into indivisible time instants: their very notion indicates a time stretch. (Vendler (1967: 114))
（見つけること（到達）は，ある唯一の分割できない時間点を含意する．片や，走ることや通りを渡ることは，時間軸上で起きている過程を表し，それとして分割不可能な時間点まで分割され得ない．すなわち，まさにその概念がある時間幅を示唆する．）

端的に言えば，spot は到達動詞で，ある到達した「時間点」(time instant) の存在することを含意するが，これに対して，活動動詞である run や cross the street は，連続する均一な動作を表し，「時間幅」(time stretch) を含意する．したがって，このような時間幅のある動作をある時間点で spot（見つける）できるためには，この動作をその時間点に合致するように分割する必要があるが，それができないために，(18) では変則的となる．これに対して，(17) が変則的でないのは，run や cross the street の活動動詞を進行形にして，それらが意味する動作の状態を表すようにすると，これらの動作を spot の時間点に合致するように分割可能であることを示唆している．さて，これに対して，see の場合は，S-V-O-C 構文で用いられると，C に出てくる動詞は，原形のままでも進行形でも構わない．

(20)　a.　I saw him cross/crossing the street.

b. I saw him run/running.

上での spot の説明が see の場合にも当てはまるとすると，C の動詞が進行形になっている場合には，(17) と同様，see は到達動詞で，ある時間点を含意するが，C の動詞が進行形になっていることによって，run や cross the street が意味する動作の状態を表し，see の時間点に合致するように分割可能であると説明される．そして，C の動詞が原形になっている場合には，(18) から示唆される通り，see は到達動詞ではあり得ない．唯一残された可能性は，その場合 see は状態動詞として働いているということになる．

2. 項の述語に対する意味役割：主題関係

本節では，述語と項の意味的関係を考察する．述語と項の関係を表すのに最もよく用いられる初歩的概念は，「主語」や「目的語」の概念であろう．しかしながら，述語と項の意味的関係を捉えるには，このような概念だけでは不十分である．以下の二つの文を考察する．

(21) a. The enemy destroyed the city.

b. The stories amused the children.

この二つの文を比較すると，どちらの文も「主語－動詞－目的語」という連鎖から成り立っている．この連鎖の二つの項の動詞に対する意味的関係に着目すると，その違いに気づかれるであろうか．(21a) では，主語が「破壊する」という動作の主体で，目的語がその対象体を表している．これに対して，(21b) では，主語が「楽しませる」という行為の対象体で，目的語がその行為の受け手を表している．このような，述語と項の意味的関係の違いは，「主語」や「目的語」といった概念では正しく捉えることはできない．

Jackendoff（1972）は，さらに，項が述語に対して同じ意味関係を有していると考えられる場合でも，それが文中に生起する位置が「主語」の位置であったり，「目的語」の位置であったりすることを指摘している．

(22) a. The door opened.
　　b. Charlie opened the door.
(23) a. Fred bought some hashish from Reuben.
　　b. Reuben sold some hashish to Fred.　(Jackendoff (1972: 25))

(22）では，項 the door の述語 open に対する意味的関係は，両文共に同じであると考えられるが，(22a）では the door は主語の位置に，そして (22b）では目的語の位置に生起している．また，(23）では，述語 buy と sell は言ってみれば，同じコインの裏表の関係にあり，(23a）と（23b）は事実上同じ出来事を言い表している．すなわち，両文共に，商品である「ハシッシュ」が Reuben から Fred に渡されたことを意味している．このような意味的関係にあっても，それぞれの項が担う意味役割は，同じ位置に具現化されているわけではない．商品の与え手である Reuben は，(23b）では主語の位置に生起しているが，(23a）では from の目的語の位置に生起しているし，その受け手である Fred は，(23a）では主語の位置に生起しているが，(23b）では to の目的語の位置に生起している．

それでは，上述の述語と項の意味関係を正しく把握するためには，どのような概念が必要であろうか．Jackendoff（1972）は，この問いに応えるべく，Gruber（1965）にならって，**「主題」（Theme）**という意味概念を中心にすえた項と述語の意味概念体系を構築している．このような体系の下，項が述語に対して担う関係を**「主題関係」（thematic relation）**と呼ぶ．まず，この意味体系において重要なことは，ある述語に対して，その項の一つは，主題という中心的意味役割を担っていると想定することである．最も単純な例として，ジャッケンドフはまず「移動動詞」（verbs of motion）と「場所動詞」（verbs of location）を考察し，移動しているものを表す項と場所に存在するものを表す項を主題とみなす．以下の例文において，下線を施した項が主題として働いている．

移動動詞：

(24) a. The rock moved away.
b. John rolled the rock from the dump to the house.
c. Bill forced the rock into the hole.

場所動詞：

(25) a. The rock stood in the corner.
b. John clung to the window sill.
c. Herman kept the book on the shelf.

(Jackendoff (1972: 29–30))

場所動詞の場合，この主題に対して，通常，それがどこに位置しているのかを表す項が付随する．この項の意味役割を**「場所」**（**Location**，**略して Loc**）と呼ぶ．そうすると，(25) においては，the corner (25a)，the window sill (25b)，the shelf (25c) が場所の意味役割を担っている．これに対して，移動動詞の場合は，通常，主題に対して，それがどこから移動したのかを表す項と，それがどこに移動したのかを表す項が付随する．前者の意味役割を**「起点」**（**Source**）と呼び，後者の意味役割を**「着点」**（**Goal**）と呼ぶ．(24) においては，the dump (24b) が起点の意味役割を担い，the house (24b)，the hole (24c) が着点の意味役割を担っている．

Jackendoff (1983) に従えば，場所動詞と移動動詞に関して，これらの述語と項の意味関係は，それぞれ BE 関数と GO 関数を用いて，以下のように表示できる．

(26) a. The rock stood in the corner. (= (25a))
b. $[_{State}$ BE ($[_{Theme}$ the rock], $[_{Loc}$ the corner])]

(27) a. The rock rolled from the dump to the house.

b. [$_{\text{Event}}$ GO ([$_{\text{Theme}}$ the rock], [$_{\text{Source}}$ the dump], [$_{\text{Goal}}$ the house])]

まず，(26a) のような場所動詞が関わる文は，「主題がある場所にある」ことを基本的に言い表していることから，BE 関数がそのような文の述語の抽象的な意味を表し，文全体は状態 (State) を表すことになる．この BE 関数は主題と場所の意味役割を担う二つの項を取ることから，BE (Theme, Loc) と表記される．(26b) では，the rock が BE の主題として働いているので [$_{\text{Theme}}$ the rock] と表記し，the corner が BE の場所として働いているので [$_{\text{Loc}}$ the corner] と表記してある．これに対して，(27a) のような移動動詞が関わる文は，「主題がある所からある別の所に移動する」ことを基本的に言い表していることから，GO 関数がそのような文の述語の抽象的な意味を表し，文全体は，状態ではなく，出来事 (Event) を表している．この GO 関数は主題と起点と着点の意味役割を担う三つの項を取ることから，GO (Theme, Source, Goal) と表記される．(27b) では，the rock が GO の主題として働いているので [$_{\text{Theme}}$ the rock] と表記し，the dump が起点として働いているので [$_{\text{Source}}$ the dump] と表記し，the house が着点として働いているので [$_{\text{Goal}}$ the house] と表記してある．これらの表記において，抽象的な BE 関数と GO 関数を用いることの効用は，様々な状態動詞や動作動詞の意味的共通性を捉えるためである．例えば，(26a) と以下の文とを比較してみると，

(28) a. The rock was in the corner.

b. The rock stayed in the corner.

これらの文はすべて「岩がすみにあった」という状態を言い表している点で共通しており，(26a) と (28b) については，この「ある」という述語の意味に，さらに「そびえ立つ」とか「そのような状態が続いている」といった色付けが加わっていると考えることができる．同様に，(27a) を以下の

文と比較してみると，

(29) a. The rock moved from the dump to the house.
b. The rock fell from the dump to the house.

これらの文はすべて「岩がゴミ捨て場から家に移動した」という出来事を言い表している点で共通しているが，(27a) と (29b) については，この「移動する」という述語の意味に，さらに「転がって」とか「高い所から下へ」といった色付けが加わっていると考えられるであろう．

さて，(24) と (25) の例文では，まだその意味役割が確定されずに残っているものがある．それは，(24b) の John，(24c) の Bill，そして (25c) の Herman が担う意味役割である．これらの項は，それぞれの文が表す出来事を引き起こしている当事者の働きを担っている．この意味役割を担う項を**「動作主」(Agent)** と呼ぶ．この動作主の働きを理解するには，(27a) と (24b) を比較するのが最も適しているであろう（以下に再掲）．

(30) a. The rock rolled from the dump to the house.
b. John rolled the rock from the dump to the house.

(30a) の意味表示は (27b) に示された通りであるが，それでは，(30b) は (30a) とどのような意味関係にあり，どのような意味表示が与えられるであろうか．(30b) が意味するところのものを，(30a) との関わりで言い換えるとすれば，この文は，(30a) が言い表している出来事を John が引き起こしたと言えるであろう．この「引き起こす」という動作を表す述語を CAUSE で表すことにすると，この意味関数は，動作主と出来事を項に取り，CAUSE (Agent, Event) と表記できる．そうすると，(30b) には以下のような意味表示が与えられる．

(31) $[_{\text{Event}}$ CAUSE ($[_{\text{Agent}}$ John], $[_{\text{Event}}$ GO ($[_{\text{Theme}}$ the rock], $[_{\text{Source}}$ the dump], $[_{\text{Goal}}$ the house]))]

この表示において，CAUSE の第二項である Event が（30a）の意味表示に対応していることに留意してほしい．

Jackendoff（1972）では，動作主が示す様々な意味特性が示されている．まず動作主は，ある出来事や状態を引き起こす当事者として，「意志」や「意図」を持ったものとみなされ，通常は「人」がこの意味役割を担う．したがって，以下の文を比較すると，

(32) a. #The rock deliberately rolled down the hill.
　　b. John deliberately rolled down the hill.

(Jackendoff (1972: 32))

(32b) では，John が動作主の働きを担い，「自分が丘を転げ落ちる」ことを引き起こし，それが deliberately，すなわち「故意に」行われたことを意味しているが，それに対して，(32a) が変則的なのは，the rock が動作主として「それ自身が丘を転げ落ちる」ことを故意に引き起こすことができないことによる．この説明によると，(32b) の John は動作主と主題の二つの意味役割を担っていることになり，以下のような意味表示が与えられる（deliberately や down the hill は述語の修飾語句として機能しているので，ここでは省いてある）．

(33) $[_{\text{Event}}$ CAUSE $([_{\text{Agent}}$ John$], [_{\text{Event}}$ GO $([_{\text{Theme}}$ John$])])]$

ちなみに，(32b) において，deliberately がなければ，「丘を転げ落ちる」という行為が意図的に行われたのか無意識に行われたのかによってあいまいで，このあいまい性は，(32b) が (33) の意味表示のみならず，単に $[_{\text{Event}}$ GO $([_{\text{Theme}}$ John$])]$ の意味表示を与えられうることから捉えることができる．

動作主は，「意志」や「意図」を持ったものであるが故に，(32b) のように，deliberately や intentionally のような副詞表現と共に用いることができ，in order to や so that の表現とも相性がいい．したがって，以下のそ

れぞれの対の文において，変則的な文の方は，主語が動作主の働きをしていないことを示唆する．

(34) a. #John received the book from Bill in order to read it.
b. John took the book from Bill in order to read it.

(35) a. ?John lost the money so that he could get sympathy.
b. John gave the money away so that he could win his friends' admiration.

(36) a. ?John intentionally struck Bill as funny.
b. John intentionally made Bill think of him as funny.

(Jackendoff (1972: 32))

(34) の対において，両文はほぼ同じ意味内容を有しているが，(34b) では，take「取る，奪う」が意図的動作を表し，主語の John は動作主として働いているために，in order to read it と共に用いることができるが，(34a) では，receive「受け取る」が単に受動的動作を表すため，John は動作主としては機能しておらず，したがって in order to read it と共に用いられると変則的となる．

【問題 4】 (35) と (36) の対において，なぜ (a) 文が変則的で (b) 文が変則的でないのかを説明せよ．

さらに，命令文は，その意味性質上，動作主を項に取る動詞と相性がいい．

(37) a. #Receive the book from Bill.
b. ?Lose the money.
c. ?Strike Bill as funny. (Jackendoff (1972: 33))

(34)-(36) の所でも述べた通り，receive，lose，strike は動作主を項として取らないために，上の命令文は変則的となっている．

【問題 5】 (38a，b) の述語－項関係を，(31) にならって，意味表示に表せ．また，(40) を参考にして，(39a，b) の述語－項関係を意味表示に表せ．

(38) a. Bill forced the rock into the hole. (＝(24c))
　b. Herman kept the book on the shelf. (＝(25c))
(39) a. John dropped into the pool.
　b. John dropped himself into the pool.
(40) #John dropped into the pool in order to find the treasure at the bottom. (Gruber (1965: 274))

Gruber (1965) の主題関係に基づく述語－項の意味関係を捉える理論の最も優れた点の一つは，上述の「主題」を中心にすえた GO 関数と BE 関数の項との意味関係が，物理的状態（あるものがある所に存在する）や出来事（あるものがある所からある所に動く）を表しうるのみならず，他の状態や出来事をも，同じ関数と意味役割を用いて表しうるとした点にある．Jackendoff (1983) は，この主張を**「主題関係仮説」**(**Thematic Relations Hypothesis**) と呼んでいる．以下，Jackendoff (1983) の提示にしたがって，この仮説を検証していく．

2.1. 時間領域 (Temporal Field)

まず，時間領域であるが，(41a, b, c, d) のそれぞれの文を，それに対応すると考えられる 物理的状態／出来事を表す (42a, b, c, d) と比較してみよう．

(41) a. The meeting is at 6:00.
　b. Ron's speech went/extended/lasted from 2:00 to 4:00.

c. We moved the meeting from Tuesday to Thursday.

d. Despite the weather, we kept the meeting at 6:00.

(42) a. The statue is in the park.

b. The road went/extended from Denver to Indianapolis.

c. We moved the statue from the park to the zoo.

d. Despite the weather, we kept the statue on its pedestal.

(Jackendoff (1983: 190))

【問題 6】 (41a-d) の主題関係を，(42) の文を参考にしながら，意味表示に表せ．

2.2. 所有領域 (Possessive Field)

主題関係仮説を立証する上で，最も興味深いのは，所有領域への応用であろう．まず以下の例文を考察してみよう．

(43) a. Beth has/possesses/owns the doll.

b. Beth received the doll.

c. Beth lost the doll. (Jackendoff (1983: 192))

(43a) は所有関係を表す典型的な言い回しであるが，以下のように言い換えられる．

(44) The doll belongs to Beth.

この belong を用いて所有関係を表す言い回しは，所有関係を物理的状態を表す主題関係と並行的に捉えられることを示唆する．(43b, c) は，(43a) とは異なり，所有に関する出来事を表すが，これらの例も，(44) と並行的に，ものの移動によって所有関係に入ったり所有関係を離れるものと解することができる．

【問題 7】（43a–c）の主題関係を，意味表示に表せ．

次に以下の例文を考察する．

(45) a. Amy kept the doll.
b. Beth obtained the doll.
c. Amy gave the doll to Beth.
d. Beth obtained the doll from Amy.

これらの文は，(43）の文とは異なり，動作主が関わっている．(45c）と(45d）では，「所有関係の変化」については同じ状況を表しているが，その出来事を引き起こしている動作主が異なっている．

【問題 8】（45a–d）の主題関係を，意味表示に表せ．

次に，売買に基づく所有関係の変化を表す出来事を考察する．まず，以下の例文を考察する．

(46) a. Amy sold the doll to Beth.
b. Beth bought the doll from Amy.

【問題 9】（46a, b）の主題関係を，意味表示に表せ．

(46a, b）の主題関係は，(45c, d）と並行的であることに気づかれるであろうか．しかし，sell-buy の売買関係を表す述語は，give-obtain のような単に所有関係の移動を表す述語とある点で異なる．それは，物の移動と共に，それと反対方向にお金の移動が関わっているということである．これは，お金がいくら関わったのかを表す for ~ 表現によって明示されうる．

(47) a. Amy sold the doll to Beth for $5.

b. Beth bought the doll from Amy for $5.

(Jackendoff (1983: 193))

【問題 10】 (47a, b) の主題関係を，意味表示に表せ．

このように売買関係には，言語表現によって明示された物の所有関係の移動のみならず，それとは逆のお金の移動が含意される．この後者の行為を，Jackendoff (1972) は**「第二の行為」**(**secondary action**) と名付けている．そして，その行為に関わる主題，起点，着点をそれぞれ，「第二の主題」，「第二の起点」，「第二の着点」と呼んでいる．このように，含意された行為を第二の行為として，第一の行為から区別することは，(47a, b) の文と以下の文の類似点と共にその相違点を捉えるのに有用である．

(48) Beth paid $5 to Amy for the doll.

類似点は，三文共に同じ売買行為を言い表しているということであり，(47a, b) と (48) の相違点は，後者の文では，お金の移動が主行為であり，物の移動の方が第二の行為として扱われているということである．とりわけ，(47b) と (48) を比較すると，両文の主題関係を表す意味表示は同じであるが，その違いは，動作主である Beth によって引き起こされる二つの行為のうち，どちらが主でどちらが第二の行為なのかに集約される．

【問題 11】 以下の例文の主題関係を，意味表示に表せ．

(49) a. Max rented an apartment to Harry for $197 a month.

b. Harry rented an apartment from Max for $197 a month.

(Jackendoff (1972: 36))

所有領域の中でも，これまで見てきたような物理的所有関係を表すのみならず，「抽象的な所有関係」を表す表現が存在する．

(50) a. Max knows the answer.

b. Dave explained the proof to his students.

(Jackendoff (1972: 29–30))

【問題 12】 (50a, b) の主題関係を，意味表示に表せ．

2.3. 同定領域 (Identificational Field)

同定領域の典型的な例は，以下のようなものである．

(51) a. Elise is a pianist.

b. Elise became/turned into a mother. (Jackendoff (1983: 194))

(51a) のように，「ある人がピアニストである」というのは，「その人がピアニストという人種に属している」と考えることができるし，(51b) の場合には，そのような所属関係ができあがったという出来事と解釈できる．

【問題 13】 (51a, b) の主題関係を，意味表示に表せ．

このように，同定領域を，「あるものが～にある」とか「あるものが～に移動した」のような物理的状態や出来事と同じ主題関係を持つと考える根拠として，同じ述語が同じような項を携えて，二つの領域を言い表すことが可能であるという事実をあげることができる．

(52) a. John stayed in the room.

b. John stayed angry.

(53) a. George got to Philadelphia.

b. George got angry.

(54) a. Harry went from Bloomington to Boston.

b. Harry went from elated to depressed.

(Jackendoff (1972: 31))

【問題 14】 (52b), (53b), (54b) の主題関係を，意味表示に表せ．また，以下の文の主題関係を，意味表示に表せ．

(55) a. Sol made Gary a celebrity.

b. Sol kept Gary a celebrity. (Jackendoff (1983: 194))

2.4. 着点の有界性

本節では，着点の働きをする項について，補足説明を加えたいと思う．着点は典型的には，前置詞句によって表されるが，その際，前置詞が意味するところの違いにより，大きく二つに分けることができる．以下の二つの文を比較してみよう．

(56) a. John ran to the house.

b. John ran toward the house. (Jackendoff (1983: 165))

両文共に，the house の項の働きを着点とし，以下のような意味表示を持つと考えるのは自然である．

(57) $[_{\text{Event}}$ CAUSE $([_{\text{Agent}}$ John], $[_{\text{Event}}$ GO $([_{\text{Theme}}$ John], $[_{\text{Goal}}$ the house]$)])]$

しかしながら，(56a, b) では，動詞 ran と着点との関係に関して，重要な意味的違いがある．すなわち，(56a) では，「ジョンは走って，家にたどり着いた」ことが含意されるが，(56b) では，「ジョンは家の方に向かって走った」という意味であり，この文から「ジョンは家にたどり着いた」という含意は得られない．この違いは，to と toward の前置詞の意味の差に帰せられるのは明らかである．(56a) の to ~ 表現のように，主題が着点にたどり着いたことを含意する表現を，Jackendoff (1983) は，**「有界の軌道」(bounded path)** を表すものと呼んでいる．これに対して，toward ~ 表現は，単に **「方向性」(direction)** を表すものである．本章の第 1 節でヴェンドラーの動詞の分類について説明した中で，run は「活動動詞」に分類されるが，to ~ 表現を付け加えると「達成動詞」に分類されたことを思い起こしてほしい．活動動詞は「当該の行為が均質的に連続する」ことを表すのに対して，達成動詞は「到達点を持つ非均質的な行為」を表している．この分類に基づくと，to ~ 表現を伴った動詞は，達成動詞に分類されるのに対して，toward ~ 表現を伴った動詞は，活動動詞に分類されることが期待される．このことは，(56a, b) の文を進行形にしたものを考察すると明確になる．

(58) a. John is running to the house.
(ジョンは家まで走っている)
b. John is running toward the house.
(ジョンは家に向かって走っている)

(58a) では，当該の行為に「到達点」が存在するために，もしこの行為を途中で中止すると，「ジョンが家まで走った」ことにはならない．これに対して，(58b) では，もし当該の行為を途中で中止したとしても，「ジョンが家に向かって走った」ことは事実として認められるので，当該の行為は均質的に連続しているとみなすことができる．また，活動動詞は，時間の長さを表す for ~ 表現（～の間）と相性がいいが，時間の経過を表す in

~ 表現（～経って）とは相性が悪いのに対して，達成動詞は反対の特性を示すことを述べた．この基準に照らしても，toward ~ 表現を伴った動詞は，活動動詞に分類されることがわかる．

(59) a. John ran to the house in an hour/#for an hour.
(ジョンは 1 時間かけて／＃1 時間，家まで走った)
b. John ran toward the house #in an hour/for an hour.
(ジョンは＃1 時間かけて／1 時間，家に向かって走った)

このように，主題関係の観点からすれば，着点と見なされる項の中でも，「有界性」を有するか否かで，異なった意味特性を示すことがわかる．

この有界性の有無に由来する意味的差異が，to 不定詞句にも見られることが，Abe (1986) によって指摘されている．以下の例文を考察してみよう．

(60) a. Jane condescended to speak to me.
b. The policeman forced the boys to stop fighting.

(61) a. Jane tried to do it.
b. I challenged him to be better than he was. (Abe (1986: 87))

これらの文の主題関係を考察した場合，下線を施された to 不定詞句を文全体が表す出来事の着点を表していると考えるのは自然であろう．したがって，これらの文には，以下の意味表示が与えられる．

(62) a. [$_{\text{Event}}$ CAUSE ([$_{\text{Agent}}$ Jane], [$_{\text{Event}}$ GO ([$_{\text{Theme}}$ Jane], [$_{\text{Goal}}$ speak to me])])]
b. [$_{\text{Event}}$ CAUSE ([$_{\text{Agent}}$ the policeman], [$_{\text{Event}}$ GO ([$_{\text{Theme}}$ the boys], [$_{\text{Goal}}$ stop fighting])])]

(63) a. [$_{\text{Event}}$ CAUSE ([$_{\text{Agent}}$ Jane], [$_{\text{Event}}$ GO ([$_{\text{Theme}}$ Jane], [$_{\text{Goal}}$ do it])])]

b. $[_{Event}$ CAUSE ($[_{Agent}$ I], $[_{Event}$ GO ($[_{Theme}$ him], $[_{Goal}$ be better than he was])])]

この意味表示に従えば，（62a）と（63a）では，「人が自分自身をある行為に向かわせる」という抽象的意味を共有し，（62b）と（63b）では，「人が他の人をある行為に向かわせる」という抽象的意味を共有していることがわかる．他方，（62）の文と（63）の文とでは，有界性の有無に関して違いがある．すなわち，（62）の文では，着点に相当する行為の担い手がその行為を遂行したことが含意されるのに対して，（63）の文にはそのような含意はない．

（64） a. Jane condescended to speak to me. → Jane spoke to me.
b. The policeman forced the boys to stop fighting. → The boys stopped fighting.

（65） a. Jane tried to do it. ↛ John did it.
b. I challenged him to be better than he was. ↛ He was better than he was.

このことは，（62a, b）の着点は，前置詞句の to ~ 表現と同様，有界の軌道を表し，（63a, b）の着点は，前置詞句の toward ~ 表現と同様，方向性を表していることを意味する．このように，to 不定詞句で言い表された着点にも，有界の軌道を表すものと方向性を表すものの二種類が存在するという事実は，Abe（1986）が指摘するように，to 不定詞句が「前置詞句的である」ことを示唆する．

2.5.　その他の主題関係と残された問題

これまでグルーバー／ジャッケンドフの主題関係に基づいた述語－項の意味関係を捉える理論を解説してきたが，上で述べられたものは，あくまでも，その基本的考え方と分析を提示したもので，決して網羅的であることを狙いとしてはいない．この理論をさらに深く押し進めていけば，当然，上で提示した以外に，どのような主題関係を仮定する必要があるのか問題となる．例えば，以下の例文を考察してみよう．

(66) a. John kissed Mary.
     b. John killed Mary.

kiss や kill は意図的な行為を言い表すことから，(66a, b) の文において，John は動作主の働きをしていることは明らかであろう．また，この主題関係に基づいた意味理論では，通常，ある述語の項の少なくとも一つは「主題」の役割を担う．ということは，上の二文では，John か Mary が主題の働きをすることとなる（上で，一つの項が二つ以上の意味役割を担うことがあることを思い起こしてほしい）．問題は，kiss や kill をどのような意味関数を用いて分析するのかということである．kill に関しては，これを cause to die と意味分解することが Lakoff (1970) によって提案されている．

(67) *kill*: *x* KILL *y* → *x* CAUSE (*y* DIE)

この分析に基けば，(66b) には，以下のような意味表示が与えられるであろう．

(68) $[_{\text{Event}}$ CAUSE $([_{\text{Agent}}$ John], $[_{\text{Event}}$ GO $([_{\text{Theme}}$ Mary$])])]$

このように，kill を cause と die の二つの述語に分解する意味分析を裏付ける証拠が存在する．それは，(66b) の文に almost を挿入すると，できあがった文があいまいになるという事実による．

(69) John almost killed Mary.
     (ジョンはメアリーを殺しかけた)

この文は，一つの解釈では，「ジョンはメアリーに襲いかかり，メアリーは瀕死の状態になった」という意味であり，もう一つの解釈では，「ジョンはメアリーを殺そうと思ったが，思いとどまった」という意味である．さて，このあいまい性はどのように説明できるであろうか．kill を cause と die の二つの述語に分解する意味分析を仮定すると，このあいまい性は，副詞である almost が cause を修飾するのか，または，die を修飾するのかによって生じていると説明することができる．すなわち，almost が cause を修飾する場合は，上の後者の意味に対応し，almost が die を修飾する場合には，前者の意味に対応するというように．

同様の意味分析が可能な動詞として，bring をあげることができる．この動詞は，cause to come と意味分解でき，例えば，(70a) は (70b) のように言い換え可能である．

(70) a. He brought John to the party.
　　 b. He caused John to come to the party.

【問題 15】 以下の文は，二通りに解釈できるが，どのような解釈か明らかにせよ．また，この文を意味表示に表し，なぜこの文が二通りに解釈できるのかを説明せよ．

(71) He almost brought John to the party.

上の説明で一つ注意が必要なのは，kill を cause to die や bring を cause to come のように意味分解するということは，元の動詞と分解された動詞群とが同義であることを意味しないということである．Fodor (1970) は，cause to die が厳密には kill と同義ではないことを，以下の文で例示している．

(72) a. John caused Bill to die on Sunday by stabbing him on Sat-

urday.

b. #John killed Bill on Sunday by stabbing him on Saturday.

(Fodor (1970: 433))

(72a) に比して (72b) が変則的であることから，kill は cause to die とは異なり，動作主による殺害が「直接的」であることを示唆している．このことは，さらに，(66b) において，Mary は単に意味分解された die の主題の働きをしているのみならず，kill が表す行為の「直接の対象者」のような働きをしていることを示唆する．このような意味役割を担う項は，通常**「被動者」(Patient)** と呼ばれている．仮に，この被動者を新たな主題関係を表す概念として認めると，(66b) にはどのような意味表示が与えられることになるのであろうか．

この問いに確固とした答えを与えることはできないが，一つ参考になるのは，(66a) においても，Mary は kiss の被動者とみなすのが最も自然であるということである．この場合には，kill と異なり，cause を使って意味分解することは困難である．したがって，kiss に対しては，何か新たな意味関数を仮定する必要がある．最も単純で妥当と思われるのは，DO 関数を仮定し，その項として，動作主と被動者を取るとするものであろう．この分析に従えば，(66a) には以下のような意味表示を与えることができるであろう (この分析を仮定すると，DO 関数には主題が関与しないことになり，グルーバー／ジャッケンドフの分析とは相いれないかも知れない)．

(73) $[_{\text{Event}}$ DO $([_{\text{Agent}}$ John$]$, $[_{\text{Patient}}$ Mary$])]$

この DO 関数に基づく分析は，そのまま (66b) のような kill が関わる文には適用できない．というのは，この分析を仮定してしまうと，(69) に見られるように，almost を付け加えた場合に，文があいまいになることを捉えられなくなってしまうからである．一つの解決策としては，

CAUSE を使った意味表示（68）と（73）を以下のように融合させることであろう．

（74）　$[_{\text{Event}}$ DO（$[_{\text{Agent}}$ John], $[_{\text{Patient}}$ Mary]）] & $[_{\text{Event}}$ GO（$[_{\text{Theme}}$ Mary]）]

この意味表示において，& の後ろの $[_{\text{Event}}$ GO（$[_{\text{Theme}}$ Mary]）] は & の前に表された出来事の結果生じた出来事と解することができよう．このような表示を（66b）に仮定すれば，almost を付け加えたことから生じるあいまい性は，almost が DO 関数を修飾するのか，もしくは GO 関数を修飾するのかによることとなる．

（74）のように，意味表示にある出来事の結果生じた出来事や状態を & を用いて組み込むやり方は，達成動詞や到達動詞によって表された行為の結果として含意される状態を捉えるのに有用である．例えば，達成動詞 build を含む以下のような文を考察してみよう．

（75）　John built a house.

この文は，build という行為の結果として，一軒の家が存在するようになったことを含意する．（74）を範型として，（75）の文を DO 関数を用いて表すと，以下のようになるであろう．

（76）　$[_{\text{Event}}$ DO（$[_{\text{Agent}}$ John], $[_{\text{Patient}}$?]）] & $[_{\text{State}}$ BE（$[_{\text{Theme}}$ a house]）]

この意味表示において，被動者にあたるものには ? を付したが，これには「家の材料」等が相当すると考えられる（もしくは，DO 関数は一項述語としても働き，被動者は存在しないとも考えられるであろう）．したがって，この意味表示は，動作主である John が，直接にこの家の材料に影響を及ぼすことによって，結果的に家が存在するようになったことを表している．このように，build のような達成動詞には，DO 関数とそこから含意される状態が関わっているとする分析を裏付ける証拠として，（75）に almost を付け加えるとあいまいになることがあげられる．

(77) John almost built a house. （米山・加賀（2001: 31））

【問題 16】 (77) の文の二通りの解釈とはどのようなものか明らかにせよ．また，なぜこの文が二通りに解釈できるのかを説明せよ．

次に，到達動詞 go が関わる以下の文を考察してみよう．

(78) He went to New York.

グルーバー／ジャッケンドフの主題関係分析に従えば，この文には，以下のような意味表示が与えられる．

(79) $[_{Event}$ CAUSE $([_{Agent}$ he$], [_{Event}$ GO $([_{Theme}$ he$], [_{Goal}$ New York$])])]$

2.4 節で見た通り，to ~ 表現は有界の軌道を表しているので，この文は「彼がニューヨークに着いた」ことを含意する．この含意関係は，ディロン（1977/1984）に従えば，以下のように表現できるであろう．

(80) GO TO (*X*) → BE AT/IN (*X*) subsequently

（ディロン（1977/1984: 119））

この含意関係の矢印の右側の部分を，(74) や (76) にならって，意味表示に取り入れると，(78) は以下のように表すことができよう．

(81) $[_{Event}$ CAUSE $([_{Agent}$ he$], [_{Event}$ GO $([_{Theme}$ he$])])]$ & $[_{State}$ BE $([_{Theme}$ he$], [_{Loc}$ New York$])]$

この意味表示が言い表しているのは，「彼は自分が行くという出来事を引き起こし，その結果として，自分はニューヨークにいる」ということである．

【問題 17】 (82) の文は二通りに解釈できるが，その解釈とはどのようなものか，(82a，b) の継続文を手がかりに明らかにせよ．また，なぜこの文が二通りに解釈できるのかを説明せよ．

(82) He nearly went to New York,
　a. but changed his mind.
　b. but got off at Hoboken. （ディロン（1977/1984: 120））

(82) のあいまい性は，(81) の意味表示を用いても (79) の意味表示を用いても説明可能であるが，(81) の意味表示を実際に支持する証拠が存在する．以下の文を考察しよう．

(83) He went to New York for two weeks.
（彼は 2 週間ニューヨークへ行った）　（ディロン（1977/1984: 119））

ディロンによれば，この文はあいまいで，一つの解釈は「彼は，2 週間の間に，何度かニューヨークへ行った」という反復を表すもので，もう一つの解釈は「彼はニューヨークへ行って，2 週間滞在した」という結果の継続を表すものである．さて，本章 1 節で，go のような到達動詞は，達成動詞同様，「到達点」を持つので，経過を表す in ~ 表現と共起できることを述べたが，行為が均質ではないので，時間幅を表す for ~ 表現とは相いれないはずである．それにもかかわらず，(83) が容認可能なのは，その解釈の特殊性にある．反復の解釈は，(6c) の draw the circle を draw circles に変えた時に得られる反復の解釈と同様，反復行為は均質であるとみなされるために，for ~ 表現と相いれると考えられる．それでは，結果の継続の解釈は，どのように説明できるであろうか．これは，(81) の意味表示を持ってすれば，単純明快に説明可能である．というのは，for two weeks は，この意味表示において，& の後ろの含意された状態を修飾可能だからである．

さて，上で，(66b) の John killed Mary のような文を，CAUSE 関数を用いて Mary を主題とみなすのではなく，DO 関数を用いて Mary を被動者とみなす分析の妥当性を議論してきたが，この分析をさらに追求する上で大きくのしかかる問題は，この被動者と主題をどのようにして明確に区別するのかということである．例えば，上でも議論した通り ((39) を参照せよ)，動詞 drop は，(84a) のように，単に「あるものが落ちる」という出来事を表すのみならず，(84b) のように，動作主がそのような出来事を引き起こすという使い方もできる．

(84) a. The glass dropped to the floor.
b. Floyd dropped the glass to the floor. (Jackendoff (1972: 27))

グルーバー／ジャッケンドフの主題関係分析に従えば，これらの文には，以下のような意味表示が与えられる．

(85) a. [$_{\text{Event}}$ GO ([$_{\text{Theme}}$ the glass], [$_{\text{Goal}}$ the floor])]
b. [$_{\text{Event}}$ CAUSE ([$_{\text{Agent}}$ Floyd], [$_{\text{Event}}$ GO ([$_{\text{Theme}}$ the glass], [$_{\text{Goal}}$ the floor])])]

しかしながら，kill を cause to die と意味分解する分析に対して生じた問題と同じ問題が，(84b) に対して (85b) の意味表示を与える分析にも生じる．それは，(84b) の drop が必ずしも cause to drop と同義にはならないということである．

(86) a. Floyd caused the glass to drop to the floor by tickling Sally, who was holding it.
b. #Floyd dropped the glass to the floor by tickling Sally, who was holding it. (Jackendoff (1972: 28))

(86b) が変則的であるという事実は，(84b) の動作主である Floyd と the glass の関係が drop という行為に関し，直接的であることを示唆している．このことは，(84b) の意味表示としては，(85b) ではなく，the glass を被動者として扱う意味表示の方が優れていることを示すものと解することができる．

【問題 18】 the glass を被動者として扱った場合，(84b) にはどのような意味表示が与えられることになるか，明らかにせよ．

このように，CAUSE 関数を用いて目的語を主題とみなすのか，もしくは DO 関数を用いて被動者とみなすのかは，(86) のようなテストを用いて判別可能であるかも知れないが，ここで用いられた DO 関数はあくまでも一つの仮説に過ぎず，実際に研究者によって提案され吟味されたものではない．したがって，どちらの意味表示が正しいのかを，性急に決定することはできない．ここでは，この問題にこれ以上踏み込むことなく，さらなる考察は読者に委ねたい．

Fillmore (1968) は格文法 (case grammar) と呼ばれる彼独自の文法システムを提唱したが，その中で，興味深い意味役割 (彼にとっては格の一種) に着目している．それは，以下の文で，下線が引かれた a hammer が担う意味役割で，**「手段」(Instrument，略して Inst)** と呼ばれている．

(87) a. John broke the window with a hammer.
b. A hammer broke the window.
c. The window broke.

この意味役割の興味深いのは，この手段の意味役割を担う a hammer が典型的には，with などの前置詞を伴った前置詞句として生起するが，(87b) のように主語の働きを担うことができるということである．これらの文を，CAUSE 関数を用いて表せば，以下のようになるであろう．

(88) a. $[_{\text{Event}}$ CAUSE ($[_{\text{Agent}}$ John], $[_{\text{Inst}}$ a hammer], $[_{\text{Event}}$ GO ($[_{\text{Theme}}$

the window])])]

b. $[_{Event}$ CAUSE $([_{Inst}$ a hammer], $[_{Event}$ GO $([_{Theme}$ the window])])]

c. $[_{Event}$ GO $([_{Theme}$ the window])]

(88a) においては，CAUSE が，動作主と手段と出来事を項に取る三項述語として働き，(87a) を「〜が〜でもって〜を引き起こす」というように意味分析している．(88b) においては，CAUSE は手段と出来事を項に取る二項述語として働き，手段が出来事を引き起こすというように意味分析している．

【問題 19】 上の説明に基づけば，以下の文は二通りに解釈できる．その解釈を明らかにした上で，各々の解釈を意味表示で表せ．

(89) John broke the window.

最後に，もう一つ，よく引き合いに出される意味役割として，**「経験主」**（**Experiencer，略して Exp**）がある．この意味役割は，文字通り，述語で表された出来事を経験するものを表し，以下の文において，下線を引かれた項がこの意味役割を担っている．

(90) a. The stories amused <u>the children</u>. (＝(21b))

b. <u>John</u> saw the ghost.

(90a) の amuse のように，喜怒哀楽などの諸感情を表し，そのような感情を引き起こす対象物を主語に，そして経験主を目的語に取る述語を**「心理述語」**（**psychological predicate**）と呼ぶ．このような述語は，(90a) を例に取れば，以下のような意味表示が与えられると考えることができよう．

(91)　[$_{\text{Event}}$ CAUSE ([$_{\text{Theme}}$ the stories], [$_{\text{State}}$ BE ([$_{\text{Exp}}$ the children], [$_{\text{Loc}}$ amused])])]

この意味表示が言い表しているのは，「それらの物語は子供達が楽しい状態にあることを引き起こした」ということである．これに対して，(90b) は知覚構文の例で，その経験主が主語に，そして知覚される対象物が目的語の位置に生起している．この構文については，どのような意味関数を用いて表示できるかは定かではなく，その考察は，読者に委ねたい．

3.　統語構造への写像

これまで，グルーバー／ジャッケンドフの主題関係に基づく意味分析によって，様々な文に対してどのような意味表示を与えるのが妥当かを考察してきた．このような分析においては，ある文の意味表示がその統語構造とどのような関係にあるのかを考察する必要がある．とりわけ重要なのは，意味表示に現れる項のうち，どの項が主語もしくは目的語として生起するのかを決定するシステムが必要となる．この決定の仕方については，あるものは一般的な規則として捉えることができる一方で，ほかのあるものは，述語固有の特性として，述語ごとに個別に指定される必要がある．一般的な規則として，まず筆頭にあげられるのは，動作主の特性である．

(92)　動作主は主語に写像せよ．

これまで見てきた例文のうち，動作主が関わっていたすべての文において，動作主は必ず主語の位置に生起していたことを確認してほしい．主題については，以下の一般化が成り立つように思われる．

(93)　主題は，動作主や手段が存在する場合には目的語に写像させ，そのような項が存在しない場合には，主語に写像せよ．

この一般化を裏付ける証拠として，(84) と (87) (以下に再掲) をあげることができる．

(94) a. The glass dropped to the floor.
b. Floyd dropped the glass to the floor.

(95) a. John broke the window with a hammer.
b. A hammer broke the window.
c. The window broke.

(94) では，(94b) のように，動作主である Floyd が存在する場合には，主題である the glass は目的語の位置に生起しているが，(94a) のように，動作主が存在しない場合には，主題である the glass が主語の位置に生起している．また，(95) では，(95a, b) のように，動作主である John や手段である a hammer が存在する場合には，主題である the window は目的語の位置に生起しているが，(95c) のように，動作主や手段が存在しない場合には，主題である the window が主語の位置に生起している．

しかしながら，(93) はあくまで一般化であり，様々な例外が存在する．一つ目としてあげられるのは，2.2 節で議論した所有領域での以下の文に関係するものである．

(96) a. Beth has/possesses/owns the doll.
b. Beth received the doll.
c. Beth lost the doll.

これらの文では，場所 (96a) や着点 (96b) や起点 (96c) が主語に写像し，主題が目的語の位置に写像している．これは，(93) の後半に述べられた「動作主や手段が存在しない場合には，主題を主語に写像せよ」という規則に違反している．このような場合には，語彙ごとに統語構造への写像の仕方を指定する必要がある．一般に，主語に写像する項は**「外項」**(**external argument**) と呼ばれ，語彙指定の際には，他の項と区別するために，下線を施す．この慣例に従えば，(96) の動詞はそれぞれ以下のように語彙指定される．

(97) a.　*have, possess, own*: (Loc, Theme)
　　b.　*receive*: (Goal, Theme)
　　c.　lose: (Source, Theme)

また，経験主との関係においては，上で見た通り，主題は主語に写像される場合と，目的語に写像される場合がある．

(98) a.　The stories amused the children.
　　b.　John saw the ghost.

このような場合にも，述語ごとに語彙指定する必要がある．

【問題 20】 (97) にならって，(98a, b) の動詞の語彙指定を明らかにせよ．

さらに (93) の一般化に対する例外として，項の間での交替型が可能な構文がある．

(99) a.　They loaded the truck with furniture.
　　b.　They loaded furniture onto the truck.
(100) a.　They smeared the wall with paint.
　　b.　They smeared paint on the wall.　(ディロン (1977/1984: 14))

それぞれの組の (b) 文のほうは，(93) の一般化にかなったもので，主題である furniture と paint が動詞の目的語となっている．それに対して，(a) 文のほうは，場所の意味役割を担っている the truck や the wall のほうが動詞の目的語となっている．この例外も，当該の述語に対する語彙指定によって捉える必要がある．(99) と (100) の各組では，**「内項」**(**in-**

ternal argument）（すなわち，外項ではないもの）の間の交替型が関わっていて，その違いは，主題と場所を表す内項のうち，どちらの項が名詞句（noun phrase，略して NP）として現れているかによっている．この NP の概念を語彙指定に取り入れると，(99）と（100）の load と smear の語彙指定は，以下のように表すことができる．

(101) a. *load*: (<u>Agent</u>, Loc, Theme)　b. *load*: (<u>Agent</u>, Theme, Loc)
　　　　　　　　　　　|　　　　　　　　　　　　　　|
　　　　　　　　　　 NP　　　　　　　　　　　　　　NP

(102) a. *smear*: (<u>Agent</u>, Loc, Theme)　b. *smear*: (<u>Agent</u>, Theme, Loc)
　　　　　　　　　　　|　　　　　　　　　　　　　　|
　　　　　　　　　　 NP　　　　　　　　　　　　　　NP

(99）や（100）で例証された内項の間で交替型を示す構文のうち，(93）の一般化にかなった形（すなわち，(b）文に示されたもの）が「通常の型」で，例外の形の方（すなわち，(a）文に示されたもの）を「特殊な型」と考える根拠が存在する．というのは，例外の形の方には，述語と項の関係から得られる通常の意味に加えて，**「被影響性」**（**affectedness**）と呼ばれる含意が伴っているからである．すなわち，(99a）は，(99b）とは異なり，「トラックが家具でいっぱいになった」ことを含意するし，(100a）は，(100b）とは異なり，「壁全体がペンキで塗られた」ことを含意する．

【問題 21】（101)，(102）にならって，(103）の動詞 plant の語彙指定を与えた上で，(a）文と（b）文の意味の差を明らかにせよ．また，これまで議論してきた主題と場所の交替型は，(104）に示されたように，主語との間にも観察される．(104）の動詞 swarm の語彙指定を与えた上で，(a）文と（b）文の意味の差を明らかにせよ．

(103) a. They planted trees in the garden.
　　b. They planted the garden with trees.

（ディロン（1977/1984: 151)）

(104) a. Bees swarmed in the garden.
b. The garden swarmed with bees.　(ディロン (1977/1984: 147))

さらに同様のことが，いわゆる二重目的語構文にもあてはまる．Green (1974) の観察によれば，以下の各組の交替型において，二重目的語構文には特別な含意が存在する．

(105) a. I teach the little monsters arithmetic, #but they never learn it.
b. I teach arithmetic to the little monsters, but they never learn it.

(106) a. I showed Jane the error, #but she didn't see it.
b. I showed the error to Jane, but she didn't see it.
(ディロン (1977/1984: 145–146))

【問題 22】 (105)，(106) の動詞 teach と show の語彙指定を与えた上で，各組の (a) 文が，(b) 文とは異なり，変則的であるのはなぜか明らかにせよ．

さて，もう一度，(92) と (93) に述べられた，項構造がいかに統語構造に写像されるのかに関する規則を考察する ((92) と (93) を以下に再掲)．

(107) 動作主は主語に写像せよ．

(108) 主題は，動作主や手段が存在する場合には目的語に写像させ，そのような項が存在しない場合には，主語に写像せよ．

この二つの一般規則から，動作主，手段，主題の意味役割の間に，主語の座をめぐって，動作主＞手段＞主題という優先順位があることがわかる．Jackendoff (1972) は，このような意味役割の間の関係を**「主題階層」** (**thematic hierarchy**) と呼び，具体的に以下のような階層を提案している．

(109)　主題階層（thematic hierarchy）

1.　動作主

2.　場所，起点，着点

3.　主題

さらに，ジャッケンドフは，このような主題階層が存在することを動機づけるために，受動文形成には，以下のような条件が関わっていると主張する．

(110)　主題階層条件（Thematic Hierarchy Condition）

受動文の by ~ 句が担う意味役割は，派生主語よりも主題階層の上で高くなければならない．　(Jackendoff (1972: 43))

この主題階層条件が働いていることを示すために，ジャッケンドフは以下の文を考察している．

(111) a.　John was touching the bookcase.

b.　John hit the car with a crash.　(Jackendoff (1972: 44))

これらの文は，主語の John が動作主であるか否かで，二通りに解釈可能である．すなわち，(111a) では，「ジョンが本棚に偶然触れていた」のか，それとも「意図的に触れていた」のかで，あいまいであり，(111b) では，「ジョンが偶然車にぶつかった」のか，それとも「意図的にぶつかった」のかで，あいまいである．ジャッケンドフは，(111a, b) の主題関係を，主語が主題，目的語が場所もしくは着点の意味役割を担い，さらに主語は随意的に動作主の意味役割を担っていると分析する．この分析をどのような意味表示で表すことが可能なのか，今ひとつ定かではないが，仮にこの意味分析を採用したとして，次に，(111a, b) の受動文を考察する．

(112) a. The bookcase was being touched by John.
b. The car was hit by John (?with a crash).

(Jackendoff (1972: 44))

ジャッケンドフによれば，これらの文は，(111a, b) とは異なり，あいまいな文ではなく，John を動作主とする解釈のみ可能であるという．

【問題 23】 なぜ (112a, b) の文では，John を単に主題とする解釈が許されないのかを，(110) の主題階層条件を用いて説明せよ．

また，以下の文について，

(113) a. The book costs five dollars.
b. Bill weighs two hundred pounds.

ジャッケンドフは，これらの主題関係を，主語が主題の役割を担い，目的語が場所の役割を担っていると分析する．この分析に従えば，これらの文には，以下の意味表示が与えられるであろう．

(114) a. $[_{\text{State}}$ BE $([_{\text{Theme}}$ the book$], [_{\text{Loc}}$ five dollars$])]$
b. $[_{\text{State}}$ BE $([_{\text{Theme}}$ Bill$], [_{\text{Loc}}$ two hundred pounds$])]$

【問題 24】 このジャッケンドフの意味分析を仮定した上で，以下の文が変則的であるのはなぜかを，(110) の主題階層条件を用いて説明せよ．

(115) a. #Five dollars are cost by the book.
b. #Two hundred pounds are weighed by Bill.

(Jackendoff (1972: 44))

さらに，ジャッケンドフは，以下の文を考察している．

(116) a. Bill strikes/impresses Harry as pompous.

b. Harry regards Bill as pompous. (Jackendoff (1972: 45))

この二つの文は，ほぼ同義で「ビルが尊大であるとハリーには思われる」という意味内容を持っているが，項の統語構造への写像の仕方が異なっている．これらの文において，Bill と pompous は，2.3 節で議論した主題関係の同定領域に属するもので，Bill が主題で pompous が場所の意味役割を担っている．また，Harry は「ビルが尊大である」と判断する主体であり，これまでの議論からすれば，経験主とみなすのが最も妥当であろう（ちなみに，ジャッケンドフは着点と見なしている）．そうすると，strike/impress と regard の語彙指定は，以下のようになるであろう．

(117) a. *strike/impress*: (Theme, Exp, Loc)

b. *regard*: (Exp, Theme, Loc)

さて，(109) の主題階層には，経験主が含まれていないが，仮に階層の第二番目に属するものとして，(109) を以下のように改める．

(118) 主題階層 (thematic hierarchy)

1. 動作主
2. 場所，起点，着点，**経験主**
3. 主題

このように仮定すると，以下に示すように，(116a) の受動文は変則的であるが，(116b) の受動文は変則的ではないことを，主題階層条件によって説明することができる．

(119) a. #Harry is struck/impressed by Bill as pompous.

b. Bill is regarded by Harry as pompous.

(Jackendoff (1972: 45))

【問題 25】（119a）が変則的であるのに対して，（119b）が変則的ではないのはなぜかを，（110）の主題階層条件を用いて説明せよ．

以上のように，意味役割の間には，その統語構造への写像の仕方に関して，(118) のような階層関係が成り立っていることがわかる．

4. 「主語」が果たす意味

前節で，主題と場所を項に取る動詞が，その統語構造への写像において，目的語（もしくは主語）には主題を担う項が，そして前置詞句には場所を担う項が典型的に対応するのに対して，交替型を許す動詞では，目的語（もしくは主語）に場所を担う項が生起でき，その場合「被影響性」という概念で言い表せるような特殊な含意を呈することを見た．このことは，主語や目的語という概念が，述語と項の意味関係を捉えるには，不十分であるにもかかわらず，何らかの仕方で文の意味形成に寄与していることを示唆している．本節では，主語の果たす意味役割について考察してみたい．

ディロン (1977/1984) は，主語が，その果たす意味役割の一つとして，「動作を仕向けるもの (instigator) あるいは「行為者」(“doer”) を表している」(14 ページ) と主張し，以下の例文をその証拠にあげている．

(120) a. The truck collided with the bus.
(トラックがバスと衝突した)
b. The bus collided with the truck.
(バスがトラックと衝突した)
c. The bus and the truck collided.
(バスとトラックが衝突した)　　(ディロン (1977/1984: 13))

これらの文において，主語に生起する項が主題の意味役割を果たしていると考えられる．(120c) では，「バスとトラック」全体が「衝突する」という述語の主題の役割を担っていて，その衝突の仕方に関しては，対称的で，両方が動いていてぶつかったと想定される．これに対して，(120a, b) では，主語に生起する主題が「行為者」で，with ~ 句で表されたものが「場所」の働きをしていることが含意される．したがって，(120a) では，「動いているトラックが静止しているバスに衝突した」場合に典型的に用いられ，(120b) では，それとは反対の状況を典型的に言い表していると言える．

ディロン (1977/1984) があげるもう一つの主語の役割は，それが文全体の**「話題」(topic)** の働きをするということである．この意味役割については，能動文と受動文のペアを考察するのが最もわかりやすい．

(121) a. Einstein has visited Princeton.

b. Princeton has been visited by Einstein.

(Chomsky (1970/1972: 111))

この二つの文は，能動文とそれに対応する受動文の関係にあり，二項述語である visit が動作主に Einstein，そして主題に Princeton を取っている．したがって，述語と項の主題関係については，両文とも同じ意味関係を表している．しかしながら，この二つの文には，ある重要な意味の違いを見て取ることができる．これらの文を日本語に訳せば以下のものに対応すると考えられる．

(122) a. アインシュタインはプリンストンを訪れたことがある．

b. プリンストンはアインシュタインに訪れられたことがある．

この二つの文の意味の違いは，(122a) の文がアインシュタインについて語られているのに対して，(122b) ではプリンストンについて語られているということである．このことは，「～したことがある」という経験を表す表現が付け加わることでよりはっきりとする．すなわち，(122a) では，アインシュタインについてその経験を語っていることになるが，ご存知の通り，アインシュタインはすでに亡くなっているので，この文は多少奇異に感じられると思う．それに対して，(122b) では，プリンストンについてその経験を語っていることになるが，プリンストンは現存するので全く自然な文である．この意味の差が英語の (121a, b) にもそのままあてはまる．端的に言えば，(121a) では，主語である Einstein が話題として働き，それについて語られている文であるのに対して，(121b) では，Princeton が話題として働き，それについて語られている文ということになる．

【問題 26】 以下の例文の意味の差を，上述の説明にならって明らかにせよ．

(123) a. Beavers build dams.
(ビーバーはダム (堰) をつくる)
b. Dams are built by beavers.
(ダム (堰) はビーバーによってつくられる) (Chomsky (1975: 97))

5. 修飾

これまで文を構成する意味要素として，その骨格となる述語と項を考察してきたが，本節では，修飾語について述べる．修飾語は，大きく，述語や述語を核とする句を修飾する「副詞」と名詞句内の名詞を修飾する「形容詞」に分類することができる．また，従来の文法書では修飾語には分類されないが，意味的には副詞に働きが似ているものとして，「法助動詞」(modal auxiliary) を取り上げる．

5.1. 副詞

Jackendoff (1972) によれば，副詞は，統語構造上，以下の三つのうちのいずれかに生起できる．

(124) i) 文頭；ii) 文末；iii) 主語と動詞の間

副詞を考察するにあたって，まず興味深いことは，その生起する位置によって，副詞の意味タイプが決定されるということである．このことは，(124) に述べられた三つの位置すべてに生起できる -ly 形の副詞を考察すると明らかである．

(125) a. John cleverly/clumsily dropped his cup of coffee.
b. Cleverly/Clumsily (,) John dropped his cup of coffee.
c. John dropped his cup of coffee cleverly/clumsily.
(Jackendoff (1972: 49))

ジャッケンドフによれば，(125a) はあいまいで，一方の意味は (125b) に，そしてもう一方の意味は (125c) に対応する．(125b) は (126a)，そして (125c) は (126b) のように言い換えが可能である．

(126) a. It was clever/clumsy of John to drop his cup of coffee.
b. The manner in which John dropped his cup of coffee was clever/clumsy.

(126a) のように言い換えが可能な副詞は，主語の特性を言い表していることから，**「主語指向副詞」**(**subject-oriented adverb**) と呼ばれる．また，(126b) のように，動作の様態として言い表される副詞は，**「様態副詞」**(**manner adverb**) と呼ばれる．

【問題 27】（126a，b）の言い換えを参考にして，（125b，c）の意味の差を，わかりやすく説明せよ．

また，-ly 形の副詞には，文頭と主語と動詞の間には生起できるが，文末には生起できないものがある．

(127) a. Evidently/Probably Horatio has lost his mind.
　b. Horatio has evidently/probably lost his mind.
　c. *Horatio has lost his mind evidently/probably.

(Jackendoff (1972: 50))

(127c) は，evidently や probably が文末に生起できないことを示しているが，これらの副詞の前にポーズを置いて前の部分と切り離されたように発音すると容認性が上がる．ジャッケンドフによれば，(127a, b) は，以下のように言い換え可能である．

(128) It is evident/probable that Horatio has lost his mind.

この言い換えから明らかなように，このタイプの副詞は文全体を修飾していると言える．このような副詞を**「文副詞」**(**sentence adverb**) と呼ぶ．この他に，文末と主語と動詞の間にしか生起しない副詞，文末だけにしか生起できない副詞，また主語と動詞との間にしか生起できない副詞などが存在するが，その説明はここでは割愛する．Jackendoff (1972: 50–51) を参照されたい．

さて，これまで三種類の副詞を紹介したが，これらの副詞が文のどの部分を修飾しているのかを次に明らかにしていきたい．副詞は，基本的には述語もしくは述語を含むより大きな部分（したがって文全体もその対象となりうる）を修飾するが，主語指向副詞の場合は例外的で，これは明らかに，主語を修飾していると言える．このタイプの副詞が，(125a, b) に示す通り，文頭かもしくは主語と動詞の間に生起するという事実は，修飾語（cleverly/clumsily）と被修飾語（John）との間には隣接性の条件が働いていることを示唆する．仮にこのような条件が働いていると仮定すると，様態副詞の場合はどの部分を修飾していると言えるであろうか．上で述べたように，このタイプの副詞は，文末もしくは主語と動詞の間に生起可能である．それを示すデータ（125a, c）を以下に再掲する．

(129) a. John cleverly/clumsily dropped his cup of coffee.
b. John dropped his cup of coffee cleverly/clumsily.

さて，様態副詞がこの二つの位置に生起できるという事実は，このタイプの副詞が一体文のどの部分を修飾していると言えるであろうか．この問いに答えるためには，(129a, b）の統語構造を考察する必要がある．統語構造については，第 1 章で簡単に触れたが，そこで，いわゆる SVO からなる文は，大きく名詞句（NP）と動詞句（VP）に分解されることを見た．したがって，(129a, b）の文の様態副詞を取り去った文の構造は，概略以下のようになる．

(130)
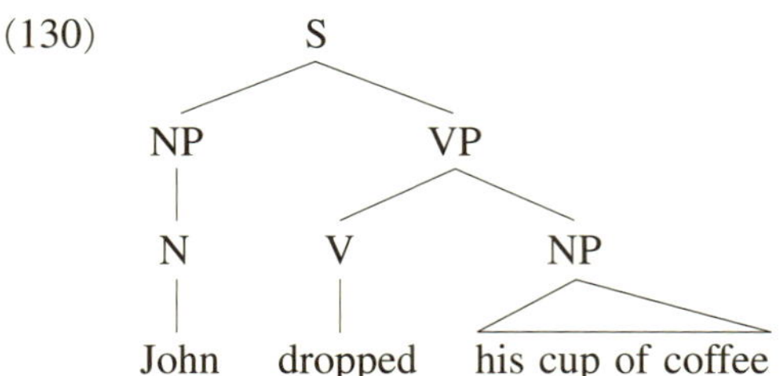

このような構造を仮定すれば，様態副詞は，文末に生起する場合は，VP を右側から修飾し，主語と動詞の間に生起する場合は，VP を左側から修飾していると言える．このことを統語構造に表せば，以下のようになる（以下の構造では，Adv は副詞（adverb）を表す）．

(131)

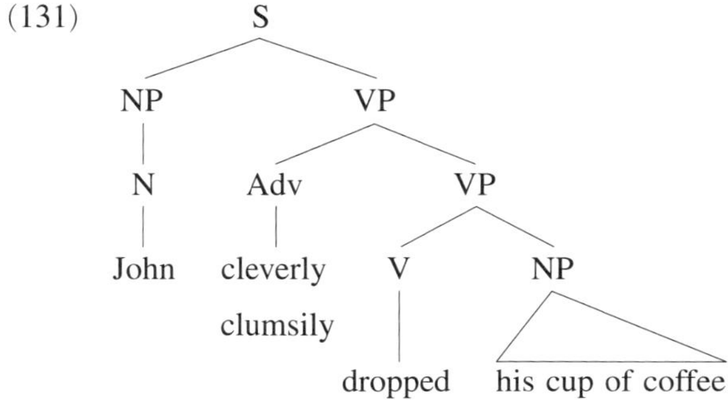

(132)

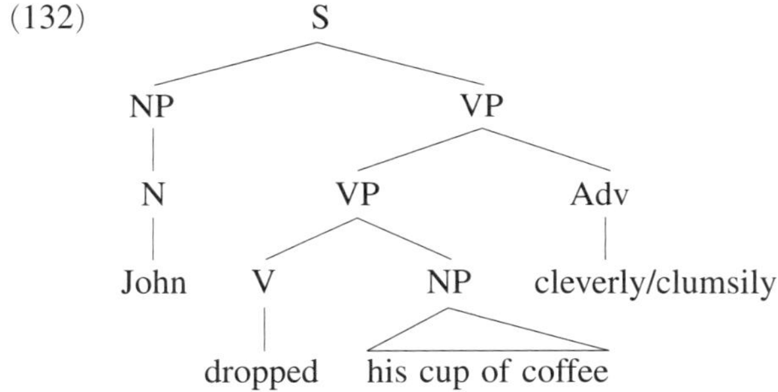

しかしながら，上で仮定された副詞の被修飾語に対する隣接条件は，文副詞を考察すると問題に突き当たる．上で見た通り，文副詞は，文頭か主語と動詞の間に生起可能である．(127a, b) を以下に再掲する．

(133) a. Evidently/Probably Horatio has lost his mind.

b. Horatio has evidently/probably lost his mind.

このタイプの副詞は，(128) の言い換えが示す通り，文全体を修飾していると考えられる．文副詞が，(133a) のように文頭に生起した場合は，この修飾 − 被修飾関係は，以下の統語構造によって表すことができる．(さしあたり助動詞の位置に生起する has は無視する．(139) を参照せよ．)

(134)

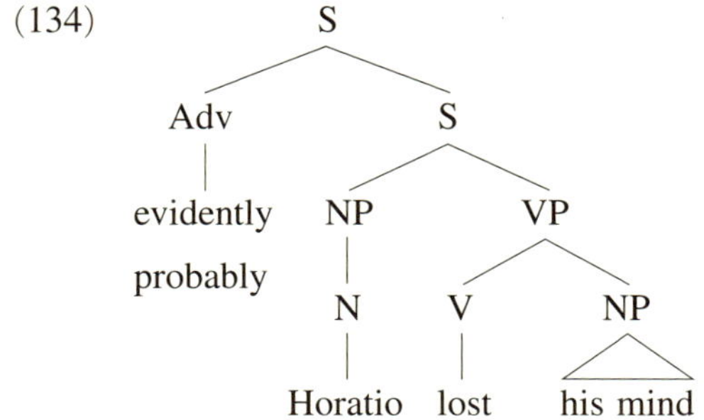

しかしながら，(133b) については，文副詞が文全体を修飾するという事実を統語構造によってうまく表すことができない．このことは，副詞の被修飾語に対する統語構造上の関係が，上で仮定したような隣接関係のみでは捉えられないことを示唆している．

それでは，統語構造上のどのような関係が，修飾語と被修飾語の関係を正しく捉えられるであろうか．以下の統語構造において，

(135)

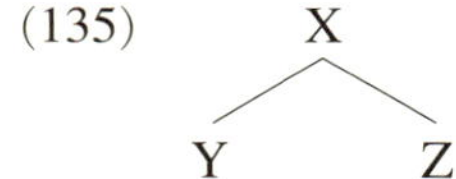

Y と Z は同じ上位範疇 X のすぐ下に位置することから，この二つの範疇は統語構造上，姉妹関係 (sister relation) にあると言われる．これに対して，X と Y，X と Z の関係は，母娘関係 (mother-daughter relation) にあると言われる．この二つの統語関係を用いて，修飾語と被修飾語の関係を以下のように捉えることが可能である．

(136) 副詞は，それと姉妹関係にあり隣接しているか，もしくは母娘関係にある範疇を修飾する．

このように仮定すると，(131)，(132)，(134) においては，当該の副詞がそれと姉妹関係にあり隣接する範疇 ((131) と (132) では VP，(134) では S) を修飾しており，また，(133b) では，以下の構造から，evidently/

probably はその「母」に相当する S を修飾していると正しく捉えることができる．

(137)
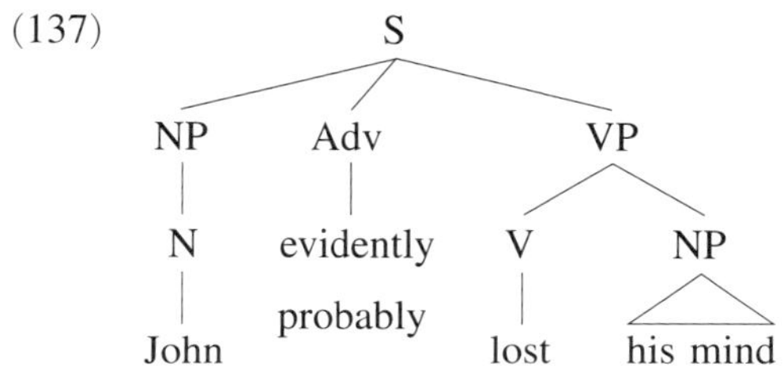

以上の議論を踏まえた上で，副詞が主語と動詞の間に生起する場合を，もう少し詳しく考察してみる．というのは，主語と主動詞間に助動詞が存在した場合，副詞の現れ方がどうなっているのかを，(136) の条件に照らして考えてみると興味深いことがわかってくるからである．ジャッケンドフは，助動詞と主動詞の連鎖からなる文において，文副詞 probably と様態動詞 completely の現れ方を比較し，以下の文に示す通り，助動詞の前の位置では，文副詞のみが可能で，助動詞の後の位置では，両タイプの副詞が可能であることを観察している．

(138) a. George probably/*completely has read the book.
is finishing his carrots.
will lose his mind.

b. George has / is / will { probably/completely } read the book. / finishing his carrots. / lose his mind.

(Jackendoff (1972: 75))

この副詞の分布は，以下に示す通り，助動詞が S の下に位置すると考えると説明がつく（この構造において，Aux は助動詞 (auxiliary) を表している）．

(139)

このような文構造を仮定すると，(138a) の probably が生起した場合の構造は，George probably will lose his mind を例に取ると，以下のようになる．

(140)

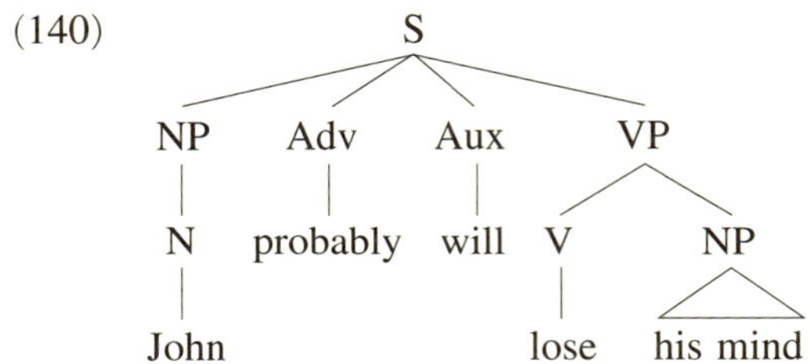

この構造において，文副詞 probably は，それと母娘関係にある S を正しく修飾している．また，この位置に様態動詞の completely が生起できない理由は，この位置では VP と隣接しておらず，この範疇を正しく修飾できないからである．(138b) の probably の場合は，以下の構造を付与することができる．

(141)

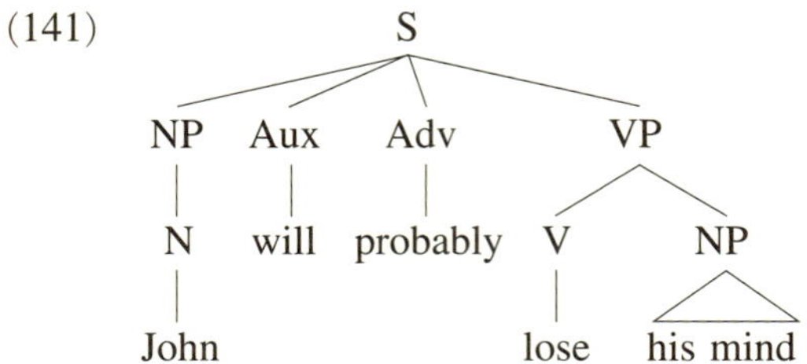

この場合も，文副詞 probably は，それと母娘関係にある S を正しく修飾している．

【問題 28】 (138b) の場合，なぜ様態副詞の completely が生起できるのかを John will completely lose his mind を例に取り，その統語構造を明らかにすることによって説明せよ．

次に主語と動詞の間に生起する主語指向副詞と様態副詞の分布について考察する．(129a) の文で示した通り，cleverly は主語指向副詞にも様態副詞にも解釈できる．以下に，(129a) の cleverly を伴った文を再掲する．

(142)　John cleverly dropped his cup of coffee.

これに対して，以下の文は，(142) と同様のあいまい性を示さない．

(143)　The doctor cleverly has examined John.　(Jackendoff (1972: 82))

【問題 29】 この文の意味を明らかにした上で，なぜこの文は (142) とは異なりあいまいに解釈できないのかを，統語構造を明らかにすることによって説明せよ．また，(143) の能動文に対応すると考えられる以下の受動文は，(143) と同じ意味にはならない．その理由を明らかにせよ．

(144)　John cleverly has been examined by the doctor.

(Jackendoff (1972: 82))

ちなみに，様態副詞が関わっている時には，能動文とそれに対応する受動文とでは，基本的に同じ意味を表す．

(145) a.　The doctor examined John carefully.

b.　John was examined carefully by the doctor.

(Jackendoff (1972: 83))

これは，様態副詞が VP を修飾するからであり，(145a, b) では，どちらも，carefully が examine John を修飾している（(145b）では，構造上 examine のみを修飾しているように見えるが，主語の John は基底構造では examine の目的語の位置にあったと分析される．詳細については，阿部（2008）を参照されたい）．(145b）では，carefully が動詞 examined の後ろに位置していることから，明らかに様態副詞として働いているが，以下の文では，carefully が助動詞 was と動詞 examined の間に置かれている．

（146） John was carefully examined by the doctor.

(Jackendoff（1972: 83))

この文は，(145b）とは異なり，あいまいであり，一つの解釈は（145b）と同じであるが，もう一つの解釈は carefully を主語指向副詞と解するものである．したがって，この文は「ジョンは医者によって注意深く診察された」という意味のみならず，「ジョンは，医者に診察されることにおいて，注意深かった」という意味も持つ．この後者の主語指向副詞としての解釈の場合は，概略以下のような統語構造が付与されると考えられる．

（147）

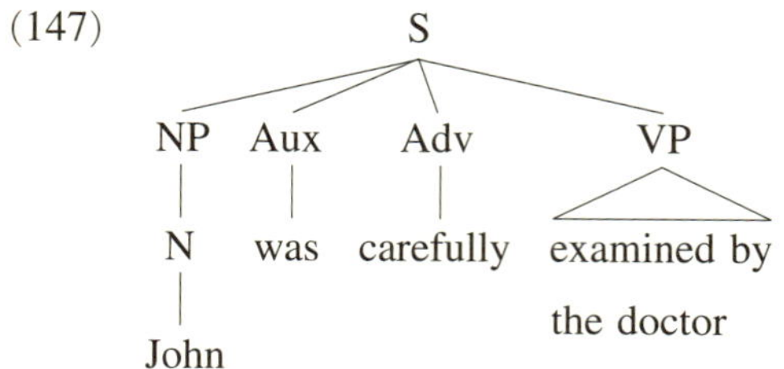

(136）の規則によれば，(147）の構造において，carefully は主語である John を修飾できないはずである．というのは，carefully は John と姉妹関係にはあるが，隣接してはいないからである．このことは，主語指向副詞には隣接条件が働かないことを示唆する．なぜ主語指向副詞がこのように姉妹関係のみで主語を修飾できるのかについては，この副詞の例外的特

質に由来していると思われる．というのは，副詞は本来述語や述語を含む句を修飾するのがその本質的特性であるが，主語指向副詞に限っては，この特性を有していないからである．この問題を追及するのは興味深いことではあるが，ここではこれ以上踏み込まないことにする．

5.2.　法助動詞

法助動詞（modal auxiliary）は，その意味特性から，一般によく**「根源的」（root）用法**と**「認識的」（epistemic）用法**に分類される．Jackendoff (1972) は，いくつかの法助動詞について，それぞれの用法に対応する意味を以下のように提示している．

(148)

	根源的（root）	認識的（epistemic）
may	許可（permission）	可能性（possibility）
can	能力（ability）	可能性（possibility）
must	義務（obligation）	論理的含意（logical entailment）
won't	拒否（refusal）	未来不出現性（future nonoccurrence）
should	義務（obligation）	推測（supposition）

例えば，以下の文の法助動詞は根源的にも認識的にも解釈可能である．

(149) a. Max must leave soon.
（マックスはまもなく出て行かなければならない）　［根源的］
（マックスはまもなく出て行くに違いない）　［認識的］
b. Max should leave soon.
（マックスはまもなく出て行くべきである）　［根源的］
（マックスはまもなく出て行くはずである）　［認識的］
c. Max may leave soon.
（マックスはまもなく出て行ってもよい）　［根源的］

（マックスはまもなく出て行くかも知れない）　　　［認識的］

法助動詞は，統語的には，前節でも述べた通り，Aux として S の下に導入される．

(150)

したがって，副詞とは統語的に扱いが異なっている．それにもかかわらず，意味的観点からすると，法助動詞は何を修飾するのかに関して副詞と親和性がある．というのは，その根源的用法においては，主語指向副詞のように主語を修飾し，認識的用法においては，文副詞のように文全体を修飾していると考えることが可能だからである．そして，このように考えた場合，法助動詞とその被修飾語との統語的関係が，(136) の規則に従っていることに着目してほしい．すなわち，(150) において，Aux は主語 NP と姉妹関係にあり（前節の最後に述べたように，隣接条件は，主語指向副詞同様，働かない），また，S とは母娘関係にあり，(136) に従えば，それぞれ修飾関係が成り立つことになる．認識的用法において，法助動詞が文全体を修飾しているということは，文副詞同様，(149a, b, c) の文が以下のように言い換え可能なことから証拠付けられる．

(151) It is certain/probable/possible that he will leave soon.

また，根源的用法において，法助動詞は，主語指向副詞のように，主語を修飾しているということは，この用法の法助動詞を含む能動文がそれに対応する受動文と意味が異なることから証拠付けられる．

(152) a. The doctor may/must/won't examine John.
　　b. John may/must/won't be examined by the doctor.
(Jackendoff (1972: 104))

【問題30】 この二つ文がどのように意味が異なっているのか，明らかにせよ．

このように，根源的用法の法助動詞は，主語指向副詞と類似した意味特性を有していると言えるが，ジャッケンドフは一つ興味深い違いを指摘している．まず，以下の文を考察する．

(153) a. Bill carefully has picked some flowers.
b. #Some flowers carefully has been picked by Bill.
(Jackendoff (1972: 105))

これらの文において，carefully は，助動詞 has の前に位置していることから，紛れもなく主語指向副詞である．したがって，(153a) は，「ビルはいくつかの花を摘むのに注意深かった」という意味であり，(153b) が変則的であるのは，「注意深い」(careful) という属性を「花」に帰すことができないためである．この事実は，これまでの説明から，予測通りであると言えるが，根源的用法の法助動詞の場合は，予測に反する結果が得られる．

(154) a. Visitors may pick flowers.
b. Flowers may be picked by visitors. (Jackendoff (1972: 105))

(154a) は「訪問者は花を摘んでもよろしい」と解され，may が表す「許可」が正しく「訪問者」に帰せられている．これに対して，(154b) については，これまでの説明からすれば，(153b) と同様，変則的になるはずである．なぜなら，「許可」を「花」に対して与えることはできないはずだからである．しかしながら，事実は，(154b) を (154a) と同じ意味に解することが可能である．このことは，根源的用法の法助動詞の場合は，それが修飾する対象が正真正銘の主語のみならず，「意味上の主語」(すなわち，対応する能動文の主語に相当するもの）も可能であることを示唆する．しかし，この可能性は無条件ではあり得ない．というのは，(152) の能動文－受動文のペアでは意味が異なることから，この場合は，「正真正銘の主語」が法助動詞の被修飾語にならなければならないからである．したがって，一般化としては，「もし正真正銘の主語が被修飾語として意味的にふさわしくない場合に限って，意味上の主語が被修飾語として機能し得る」といったものでなければならない．この一般化がいかにして成立するのかは，興味深い問題であるが，筆者の知る限り，満足のいく説明は与えられていない．

5.3. 形容詞

形容詞は，一般の文法書では，大きく叙述用法と限定用法に分類される．例えば，以下の (155a) では，beautiful が叙述的に用いられた例であり，(155b) では，beautiful が限定的に用いられた例である．

(155) a. John's wife is beautiful.
b. a beautiful wife

(155a) の叙述用法においては，beautiful は，John's wife との関係において，その修飾語というよりは，述語の働きをし，John's wife はその項とみなすのが慣例である．これに対して，(155b) の限定用法においては，beautiful は wife の修飾語と見なされる．本節では，この形容詞の限定用法に焦点を当て，形容詞とそれが修飾する名詞の意味的関係を考察する．

この用法において，形容詞が名詞を「限定する」という意味を，集合論に基づいて，「名詞が表す個体の集合を，その中で形容詞が表す属性を持つ個体の部分集合に写像すること」と一般に定義される．別の言い方をすれば，「形容詞＋名詞」の表現は，「形容詞によって表される属性を持つ個体の集合と名詞によって表される個体の集合の交わり」を指し示していると言うことができる．この考え方に基づけば，「美しい妻」という表現は，「美しいもの」の集合と「妻」の集合の交わりを指し示していることになる．したがって，(155b) の表現は，「美しくかつ妻であるようなものが一人」いることを表している．これを，以下のように表現することができる．

(156)　∃*x*[*x* is a wife & *x* is beautiful]

この表記において，∃は**「存在量化子」(existential quantifier)** と呼ばれ，「ある *x* が存在する」ことを表す．したがって，(156) は「妻でありかつ美しい，ある x が存在する」ことを意味している．

このように，形容詞とそれが修飾する名詞の意味関係を「二つの集合の交わり」とする捉え方は，それなりの一般性を示すが，これに当てはまらないケースが少なからず存在する．Vendler (1967) は，以下の二つの文を比較検討している．

(157) a.　She is a beautiful girl.
　　　b.　She is a beautiful dancer.　(Vendler (1967: 177))

ヴェンドラーによれば，この二つの文は以下のように言い換え可能である．

(158) a.　She is a girl who is beautiful.
　　　b.　She is a dancer who is beautiful.

このように言い換えが可能であるということは，上で述べた「集合の交わり」に基づいた形容詞と名詞の意味関係が成立していることを意味する．したがって，(156) の表記に従えば，(158a, b) は，以下のように表現できる．

(159) a.　∃*x*[*x* is a girl & *x* is beautiful] & *x* = she
　　　b.　∃*x*[*x* is a dancer & *x* is beautiful] & *x* = she

さらに，ヴェンドラーは，(157b) には，もう一つ別の意味が存在することを指摘していて，それは以下のように言い換えが可能である．

(160) She is a dancer who dances beautifully.

この場合，beautiful と dancer の関係は，上で述べたような「二つの集合の交わり」に基づいて捉えることはできない．直感的には，beautiful が dance と「副詞と動詞」の意味関係にあって「美しく踊る」を意味し，それに「担い手」を意味する -er がくっ付いて，「美しく踊る人」を意味している．ヴェンドラーは，この「副詞＋動詞」的関係にある形容詞と名詞の意味関係が，上で見た「二つの集合の交わり」に基づいたものと異なるものであることを，等位接続のテストによって実証している．

(161) a. She is a blonde and beautiful dancer.
b. She is a fast and beautiful dancer.
c. #She is a blonde and fast dancer. (Vendler (1967: 177))

上の例では，二つの形容詞が and で等置されているが，等位接続の性質上，この二つの形容詞は，それが修飾する名詞と同じ意味関係にあることが要求される．

【問題 31】 a beautiful dancer は，上で見た通り，二通りに解釈可能であるが，(161a, b) では一通りの解釈しか許さない．その解釈とは，それぞれどのようなものか明らかにした上で，なぜ一通りにしか解釈されないのかを説明せよ．また，なぜ (161c) は変則的なのかを説明せよ．

形容詞とそれが修飾する名詞の意味関係を「二つの集合の交わり」とする捉え方に対する二つ目の例外としてあげられるのは，大きさや長さや量などの程度を表す形容詞が関わるケースである．

(162) a. small elephant (小さな象)

b.　short python（短いニシキヘビ）

c.　big flea（大きなノミ）　　(Vendler（1967: 180）)

これらのケースでは，一見すると，形容詞が，名詞が表すものが有する属性と相矛盾する特質を帰しているように思われる．例えば，「象」は，一般的な認識としては，大きな動物であり，したがって small「小さい」という形容詞は，この名詞を修飾するにふさわしいものとは思われない．実際，（162a, b, c）の意味を，以下に示す通り，「二つの集合の交わり」に基づいたものとした場合，矛盾した意味を表すことになる．

（163）a.　∃*x*[*x* is an elephant & *x* is small]

b.　∃*x*[*x* is a python & *x* is short]

c.　∃*x*[*x* is a flea & *x* is big]

というのは，例えば（163a）において，「象」の集合と「小さいもの」の集合の交わりに属するメンバーはゼロということになるだろうからである．このことは，大小，長短等の程度を表す形容詞の意味解釈には，「〜の割には」のような相対的指標が必要であることを示唆する．すなわち，（162a）について言えば，この表現は「象の割には小さい象」と解釈され，この場合，small は絶対的基準から「小さいもの」を言い表しているわけではない．（162b, c）の「ニシキヘビ」や「ノミ」についても，同様である．したがって，これらの場合には，程度を表す形容詞の意味に「〜の割には」（for）を付け加えれば，「二つの集合の交わり」に基づいて，このタイプの形容詞とそれが修飾する名詞の意味関係を正しく表すことができる．

（164）a.　∃*x*[*x* is an elephant & *x* is small for an elephant]

b.　∃*x*[*x* is a python & *x* is short for a python]

c.　∃*x*[*x* is a flea & *x* is big for a flea]

以上述べてきた他にも，「二つの集合の交わり」に基づいては，形容詞と名詞の意味関係を正しく捉えられないケースが存在するが，ここでは割愛する．詳細については，ディロン（1977/1984）の 4.1 節「限定形容詞」を参照されたい．

6. まとめ

・ヴェンドラーの動詞の分類：

1） 活動動詞（activity verb）：run や push a cart のように，均質的に連続した行為を表す動詞で，時間の長さを表す for ~ 表現（～の間）と相性がいい．
2） 達成動詞（accomplishment verb）：draw a circle や write a letter のように，ある到達点に向かった行為を表す動詞で，活動動詞とは異なり，時間の経過を表す in ~ 表現（～経って）と相性がいい．
3） 到達動詞（achievement verb）：reach the top のように，ある到達点に達した行為を表すが，達成動詞との違いは，この到達点に向かうまでの継続的行為が含まれず，時間軸上のある一点を表す at ~ 表現と相性がいい．
4） 状態動詞（stative verb）：上の三種類の動詞が行為を表すのに対して，この動詞は，love や know のように，状態を表す．したがって，動作を状態に変換する機能を持つ進行形とは相いれない．

・項の述語に対する意味役割：

Jackendoff（1972）の主題関係（thematic relation）に基づいた理論に従えば，述語と項の意味関係は，「主題」(Theme）という概念を中心に捉えることが可能である．その基本的パターンは，述語が状態を表すのか動作を表すのかに応じて，二種類考えられる．

(i) a. The rock stood in the corner.
b. [$_{State}$ BE ([$_{Theme}$ the rock], [$_{Loc}$ the corner])]
(ii) a. The rock rolled from the dump to the house.
b. [$_{Event}$ GO ([$_{Theme}$ the rock], [$_{Source}$ the dump], [$_{Goal}$ the house])]

また，このような状態や動作を引き起こすものとして，「動作主」(Agent) の役割を担う項が存在する．

(iii) a. John rolled the rock from the dump to the house.
b. [$_{Event}$ CAUSE ([$_{Agent}$ John], [$_{Event}$ GO ([$_{Theme}$ the rock], [$_{Source}$ the dump], [$_{Goal}$ the house])])]

この主題関係に基づいた理論の最も優れた点は，上で示された主題関係が，「物理的領域」に止まらず，「時間領域」，「所有領域」そして「同定領域」にも応用が可能な点である (Jackendoff (1983) の主題関係仮説)．一つ残された問題として，語彙の意味分析に CAUSE 関数をどのように適用していくのかがあげられる．kill をこの関数を用いて ‘cause to die’ のように分析可能であるのに対して，kiss のような動詞については，CAUSE 関数を用いるのか，それとも DO 関数のような別の関数を用いるのかは，なお議論の余地がある．

・項の統語構造への写像に関して，以下の一般化が成り立つ．

(iv) 動作主は主語に写像せよ．
(v) 主題は，動作主や手段が存在する場合には目的語に写像させ，そのような項が存在しない場合には，主語に写像せよ．
(vi) a. John broke the window with a hammer.
[動作主→主語，主題→目的語]

b. A hammer broke the window. ［手段→主語，主題→目的語］

c. The window broke. ［主題→主語］

しかしながら，(v) の一般化には例外があり，その中でも述語が項の現れに関して交替型を許す場合，典型的に前置詞句である場所を表す項が主語か目的語の位置に生起すると，「被影響性」(affectedness) と呼ばれる含意を生み出す．

(vii) a. They loaded the truck with furniture.

［the truck に対する被影響性］

b. They loaded furniture onto the truck.

また，項が担う意味役割には，以下のような階層関係があり，受動文においては，by ~ 句が担う意味役割は，主語よりも主題階層上高いことが要求される．

(viii) 主題階層 (thematic hierarchy)

1. 動作主
2. 場所，起点，着点，経験主
3. 主題

・主語の最も重要な意味役割は，それが文全体の「話題」(topic) として機能するということである．

(ix) a. Einstein has visited Princeton.

［アインシュタインについての経験］

b. Princeton has been visited by Einstein. ［プリンストンの経験］

・副詞は，その意味的働きによって，生起する位置が制限される．副詞と被修飾語との間には，以下の条件が働く．

(x) 副詞は，それと姉妹関係にあり隣接しているか，もしくは母娘関係にある範疇を修飾する.

(xi) a. Cleverly/Clumsily(,) John dropped his cup of coffee. ［主語指向副詞］

b. John dropped his cup of coffee cleverly/clumsily. ［様態副詞］

c. John cleverly/clumsily dropped his cup of coffee. ［主語指向／様態副詞］

(xii) a. Evidently/Probably Horatio has lost his mind. ［文副詞］

b. Horatio has evidently/probably lost his mind. ［文副詞］

これらの例において，主語指向副詞は主語を，様態副詞は VP を，そして文副詞は文全体を修飾している.

・法助動詞は，「根源的」(root) 用法と「認識的」(epistemic) 用法に分類されるが，意味的には，前者が主語指向副詞と，そして後者が文副詞と類似した働きを担っている.

・形容詞とそれが修飾する名詞との関係を，「集合の交わり」に基づいて捉えることが可能である（例：beautiful girl は，「美しいもの」の集合と「少女」の集合の交わり）. しかしながら，これには，「副詞＋動詞」的な関係にあるもの（例：beautiful dancer）や形容詞を「～の割には」と補って解釈する必要のあるもの（例：small elephant）などの例外が存在する.

第 3 章

論理的意味

本章では，文の論理的意味とみなしうる特性について考察する．最初に，時制と相の意味特性に関する Reichenback（1947）の理論を紹介する．次に，否定辞や数量詞が示す「作用域」（scope）について解説する．数量詞には，主に普遍数量詞と存在数量詞の二種類が存在するが，それらの表す意味を詳らかにし，一文にこれら二種類が生起した場合，どのような意味が得られるかを考察する．また，代名詞が数量詞を先行詞に取る場合，代名詞が数量詞とどのような意味関係にあるのかを明らかにする．最後に，存在数量詞と want や believe などの動詞が作り出す「不透明領域」（opaque domain）の関係について述べる．

1.　時制と相：Reichenbach (1947)

時制は，現在時制，過去時制，未来時制の三種類が存在するが，これらの時制は，話者が文を発話した時点を表す**「発話の時点」**（**point of speech**）とその文が意味する事象が発生した時点を表す**「事象の時点」**

(**point of event**) を用いて区別することができる．I see John—I saw John—I will see John を例に取れば，これらの文の時制は，発話の時点 S と事象の時点 E を用いて以下のように表すことができる．

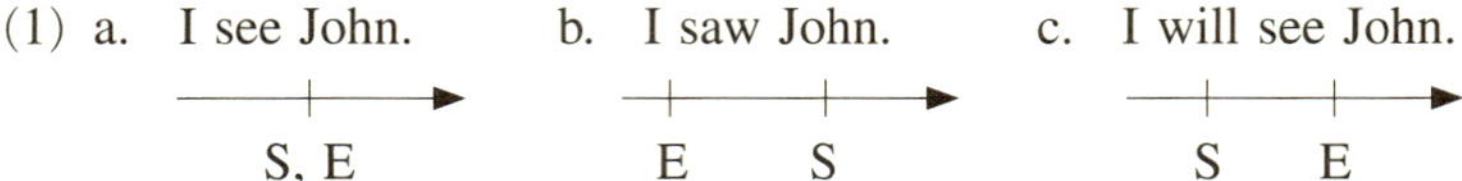
(1) a. I see John.
S, E
b. I saw John.
E S
c. I will see John.
S E

(1a) は発話の時点と事象の時点が同時であり，「私がジョンを見る」という事象が発話時に起きていることを意味し，現在時制を表す．(1b) は，事象の時点が発話の時点より時間軸上前にあり，したがって「私がジョンを見る」という事象が発話時より前に起きたことを意味し，過去時制を表す．(1c) は，事象の時点が発話の時点より時間軸上後にあり，したがって「私がジョンを見る」という事象が発話時より後に起きることを意味し，未来時制を表す．

ライヘンバッハは，しかしながら，発話の時点と事象の時点の二つだけでは，時制と相の意味を十分には捉えられないと主張する．その根拠となるのは，I had seen John のようないわゆる大過去のケースである．この文は，「過去のある時点において，すでに私はジョンを見てしまっていた」と解釈されるが，この解釈の中で「過去のある時点において」に相当する概念が必要となる．これを，ライヘンバッハは**「参照の時点」**(**point of reference**) と呼んでいる．発話の時点 S と事象の時点 E と共に，この参照の時点 R を用いると，I had seen John は以下のように表すことができる．

(2) I had seen John.

——|——|——|——►
E R S

この表示において，参照の時点 R が発話の時点 S より時間軸上前にあることから，過去のある時点を示している．そして，事象の時点 E が，さらにこの参照の時点より時間軸上前にあることから，「私がジョンを見る」という事象が，この過去の参照された時点よりも前に起きたことを意味している．このようにして，この文が「過去のある時点 R において，すでに私がジョンを見るという事象 E が起きてしまっていた」ことを意味していることを正しく捉えることができる．

この「参照の時点」という概念が，ライヘンバッハの時制と相の理論の中で重要な役割を担っている．この時点は，事象の時点が「参照する」時点であり，例えば，過去を物語る場合に，事象の時点が参照の時点と一致する場合には，動詞は単に過去形を取るが，事象の時点が，上述のケースのように，参照の時点より前に位置する場合には，過去完了の形を取る．ライヘンバッハは，以下の抜粋を例にあげている．

(3)　But Philip ceased to think of her a moment after he had settled down in his carriage. He thought only of the future. He had written to Mrs. Otter, the *massière* to whom Hayward had given him an introduction, and had in his pocket an invitation to tea on the following day. (Reihenbach (1947: 288))

この抜粋において語られている事は，ある過去の一時点を参照の時点として取っている．最初の文において，“ceased to think”（考えるのをやめた）の時点は，この参照の時点と一致するが，after 節の中の “had settled down”（落ち着いた）の時点は，過去完了形であることから，参照の時点より前であり，したがって，「落ち着いた」という事象が「考えるのをやめた」という事象よりも前に起きたことを表している．同様に，第二文目の “thought”（考えた）の時点は，参照の時点と一致し，第三文目の “had written”（手紙を書いた）や “had given … an introduction”（紹介した）の時点は，参照の時点より前に位置し，したがって，これらの事象は，第二文目の「考えた」や第三文目の “had”（持っていた）よりも以前に起きていたことを表している．このように，参照の時点 R が事象の時点 E と一致するのか，それとも E が R より前に位置するのかによって，単純な過去時制と大過去時制とを区別することができる．

【問題 1】（1a，b，c）の文が表す時制を，参照の時点 R を付け加えて，図示し直せ．また，以下の現在完了形と未来完了形の文が表す時制を E，R，S を用いて図示せよ．

(4) a. I have seen John.
    b. I will have seen John.

以上の考察から，完了相は，事象の時点 E と参照の時点 R が以下の関係にあることによって表すことができる．

(5) 完了相：

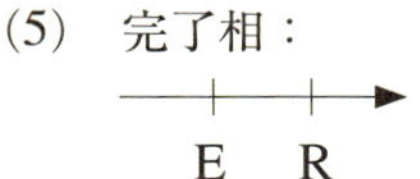

そして，現在完了相，過去完了相，未来完了相の違いは，結局，現在，過去，未来の時制の違いであり，これらの時制は，参照の時点 R と発話の時点 S との関係によって，以下のように表すことができる．

(6) a. 現在：　b. 過去：　c. 未来：

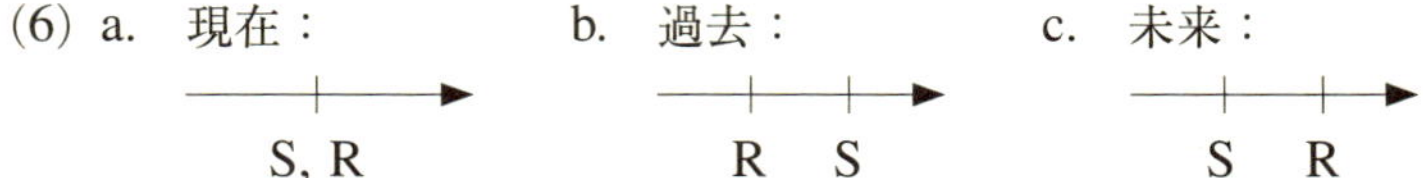

このライヘンバッハの時制と相の理論において最も興味深いのは，現在，過去，未来の時制が，(1) に示されたように，事象の時点 E と発話の時点 S との関係によって表されるのではなく，(6) のように，参照の時点 R と発話の時点 S との関係によって表される点にある．そして，この主張が正しいことは，(4a) のような現在完了形の文が意味するところのものを考察することによって裏付けられる．この文では，「私がジョンを見

る」という事象は，過去に起きたことである．したがって，この文の事象の時点Eは，時間軸上，発話の時点Sよりも前に位置している．それにもかかわらず，この文が現在形になっているのは，ライヘンバッハによれば，(6a) のように，参照の時点Rが発話の時点Sと一致しているからである．そうすると，(4a) の意味することは，発話の時点で「私がジョンを見る」という行為がすでに完了している，ということである．これが，現在完了形の基本的意味であるが，これが敷衍されて「経験」なども意味するようになったと考えられる．

次に，進行相を考察する．ライヘンバッハは，進行相を「出来事がある時間の幅をカバーしている」("the event covers a certain stretch of time.") ことを表すものと規定している．したがって，例えば，(7a) は (7b) のように表される．

(7) a. I am seeing John.

b.
```
      ┌ E ┐
 ─────┼─────▶
     S, R
```

これは，「私がジョンを見る」という事象がある時間の幅を持ち，それが発話の時点Sと参照の時点Rとをカバーするように広がっていることを表している．

【問題 2】 以下の文が表す時制を S, R, E を用いて図示せよ．

(8) a. I was seeing John

b. I have been seeing John.

c. I had been seeing John.

d. I will be seeing John.

e. I will have been seeing John.

(8b, c, e) のように，完了相と進行相が相まったケースについて，付言する必要がある．(5) に図示されたように，完了相は，参照の時点 R が，時間軸上，事象の時点 E の後に位置し，R の時点では当該の事象がすでに起きてしまっていることを表している．これに，進行相の意味が加わると，当該の事象がある時間幅を持ったものとして表されるが，その時間幅が R との関係において，どこまで伸びているのかについては，ライヘンバッハの理論においては，何の規定もない．論理的には，この時間の幅を持った E が，時間軸上，R より前の位置にあると考えることもできるが，英語の実際の用法としては，E の時間幅は，R にまでまたがる．これがいわゆる完了進行形の「継続」を意味するものである．したがって，(8b) では，「私がジョンを見る」という事象が発話の時点まで継続していることを表し，(8c) では，この事象が過去のある時点まで継続したことを表し，そして，(8e) では，この事象が未来のある時点まで継続するであろうことを表している．

これまで見てきた通り，ライヘンバッハの時制と相の理論では，参照の時点 R が重要な働きをしているが，さらに，この R の働きの重要性を示すものとして，ライヘンバッハは二点指摘している．一つ目は，「時間を表す修飾語句が修飾するのは，E ではなく，R である」という事実である．以下の二文を考察する．

(9) a. I met him yesterday.
   b. I had met him yesterday. (Reihenbach (1947: 294))

(9a) では，yesterday が「私が彼に会った」事象の時点 E を修飾しているように思われるが，単純な過去形の場合は，E と R が同じ時点を表しているので，この文自体では，yesterday が E を修飾しているのか R を修飾しているのかは，はっきりしない．これに対して，(9b) では，yesterday が参照の時点 R を修飾していることは明らかである．というのは，この文が意味するのは，「私が彼に会った」という事象が，昨日の時点ですでに起こっていたということであり，この事象自体が起きたのが昨日である必要はないからである．

【問題 3】 以下の文において，when 節が修飾しているのは，E ではなく R であることを説明せよ．

(10)　I had mailed the letter when John came and told me the news.
(ibid.: 293)

この「時間を表す修飾語句が修飾するのは，E ではなく，R である」という規則は，英語の未来形について，興味深い帰結をもたらす．以下の二文を考察してほしい．

(11)　a.　I will go tomorrow.
　　　b.　Now I will go.

(11a, b) 共に助動詞 will が現れていることから，未来時制を表していると考えられるが，それにもかかわらず，(11a) では未来のある時点を修飾する tomorrow が生起し，(11b) では，発話の時点を修飾する now が生起している．これまでの説明によれば，(11a) は予測通りである．というのは，(6c) に示された通り，未来時制では，参照の時点 R は，時間軸上発話の時点 S の後に位置し，tomorrow はこの R を修飾していると説明できるからである．これに対して，(11b) では，「時間を表す修飾語句が修飾するのは R である」という原則から，R が S と一致していなければ，now が S を指し示していることを説明することができない．よって，この場合，助動詞 will は未来時制を表しているのではなく，現在時制を表し，単に「私が行く」という事象が未来に起きていることから，未来時制を表しているように見えているに過ぎないことになる．S，R，E を用いて (11b) を図示すると以下のようになる．

(12) Now I will go.

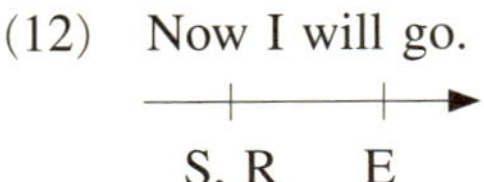

以上の考察から，英語で未来時制を表すとされる will などの助動詞は，実際には，現在時制をも表しうることが帰結される．

R の働きの重要性を示すもう一つの点は，いわゆる**「時制の一致」**（**sequence of tenses**）に関わるものである．この時制の一致という現象は，ある文が複数の節からなる場合，それぞれの節が時制に関して一致しなければならないというものである．この規則をライヘンバッハは**「参照の時点の永続性」**（**the permanence of the reference point**）と呼び，それぞれの節が一致しなければならないのは，参照の時点であると主張する．(10)（以下に再掲）を例に取ると，この文に含まれる三つの節は，(14) に図示されている通り，同一時点を R に取っている．

(13) I had mailed the letter when John came and told me the news.

(14) a. "I had mailed the letter: E_1 — R_1 — S

b. "John came": E_2, R_2 — S

c. "(John) told me the news": E_3, R_3 — S

(13) の文では，ある同一時点 R を基点として，(14b, c) の事象がその R の時点に起きたことを表し，(14a) の事象が，その R の時点より以前にすでに起きていたことを表している．これに対して，以下の文は，「参照の時点の永続性」に違反する．

(15) #I had mailed the letter when John has come.

【問題 4】 (15) が「参照の時点の永続性」に違反していることを示せ．また，以下の文において，(16a) は容認可能であるが (16b) は変則的であるのはなぜか，説明せよ．

(16) a.　I have not decided which train I will take.
　　b.　#I did not decide which train I will take.　(ibid.: 293)

よく英文法書の「時制の一致」の単元で出てくる例は，以下のようなものである．

(17) a.　I know that you will be here.
　　b.　I knew that you would be here.

(17a) では，主節が現在形になっているので，従属節が未来を表す場合には，現在から見た未来ということで，will を用いるが，(17b) では，主節が過去形になっているので，「時制の一致」により，will の過去形である would が用いられるという説明がよくなされる．ライヘンバッハの時制のシステムでは，will は，(12) に示された通り，発話の時点 S と同一時点に R を取り，事象の時点 E が時間軸上その後に位置するという特徴付けが成されていることから，would は，R の取る時点が S より前にシフトした場合に用いられると特徴付けることができる．

【問題 5】 (17a, b) が「参照の時点の永続性」に合致していることを示せ．

この「時制の一致」の現象が，日本人向けの英文法書で必ずと言っていいほど取り上げられる理由は，この現象に関して日本語は英語と際立った違いを示すからである．(17a, b) がいかに和訳されるかを考えてみてほしい．

(18) a.　私はあなたがここに来るだろうことを知っている．
　　b.　私はあなたがここに来るだろうことを知っていた．

(18a, b) は，それぞれ (17a, b) の和訳である．ここで注目すべき点は，日本語では，主節が現在形であろうと過去形であろうと，従属節の動詞には，同じ「だろう」という未来を表す助動詞が用いられていることである．このことは，日本語の時制体系には「時制の一致」が見られないことを示唆する．日本語の「だろう」は，従属節で用いられた場合，will—would のような区別はなく，発話の時点 S とは無関係に，単に事象の時点 E が参照の時点 R より時間軸上後ろに位置していることを表していると捉えることができる．この「発話の時点 S とは無関係」に同じ形を取るという特性が，「時制の一致」が見られない原因と考えられる．同様の特性が，以下の英文とその和訳を比較することによっても明らかになる．

(19) a. I know that you are here.
　　私はあなたがここにいることを知っている．
　b. I knew that you were here.
　　私はあなたがここにいることを知っていた．

この場合もまた，日本語の方は，主節の時制とは無関係に，従属節の動詞「いる」は同じ形を取っている．この「いる」は主節で用いられれば，現在の状態を言い表しているが，(19a, b) のように，従属節で用いられている場合は，発話の時点 S とは無関係に，単に事象の時点 E と参照の時点 R とが同一時点にあることを意味している．それでは，「いる」の過去形「いた」が従属節で用いられた場合，それはどのような時制を表していると言えるであろうか．

【問題 6】 以下の文を英訳した上で，「いた」が従属節で用いられた場合，どのような時制を表しているか説明せよ．

(20) 私はあなたがここにいたことを知っていた．

このように，日本語の「現在形」と「過去形」は，主節で用いられれば，それぞれ現在時制と過去時制を表すが，従属節に現れた場合には，主節そして従属節の参照の時点 R（この二つの R は「参照の時点の永続性」により同一時点を表す）と従属節の E とが同一であることを表すか，もしくは，E が R より前に位置しているかを表す．したがって，この場合，「現在形」を取るか「過去形」を取るかは，発話の時点 S とは無関係なために，「時制の一致」は観察されない．

2.　否定と作用域

本節では，「否定」の意味的特性を扱う．まず，(21a, b）のような肯定文とそれに対応する否定文を考察すると，

(21) a.　John kissed Mary.
　　 b.　John didn't kiss Mary.

(21a）の肯定文が表す状況を思い浮かべることはたやすいが，(21b）の否定文が表す状況を思い浮かべてみよと言われても，そう簡単ではない．というのは，この否定文が真となる状況がいろいろ考えられるからである．例えば，「誰かがメアリーにキスしたが，それはジョン以外の人であった」とか「ジョンは誰かにキスしたが，それはメアリー以外の人であった」とか「誰かが誰かにキスしたのは事実だが，それは，ジョンとメアリーのペアではなかった」とか「ジョンはメアリーに何かをしたが，それはキスするという行為ではなかった」等々．これは，ディロン（1977/1984）の言葉を借りれば，「John kissed Mary という文が真になるための条件のうち，もし少なくとも一つでも偽であれば，陳述全体が偽になる」(p. 156）ことを示している．したがって，例えば，(21b）の文に修飾語句を付け加えた以下の文では，「ジョンがメアリーにキスしなかった」ことを必ずしも含意しない．

(22) John didn't kiss Mary gallantly on the cheek.

(ディロン (1977/1984: 156))

それは，この否定文に対応する肯定文が意味するところの「ジョンがメアリーの頬に優しくキスした」のうち，これが真となる条件のうち一つでも偽であれば，その否定文が真であるということになるからである．したがって，(22) は，「ジョンはメアリーの頬にキスしたが，それは優しく (gallantly) ではなかった」とか「ジョンはメアリーに優しくキスしたが，それは頬に (on the cheek) ではなかった」と解釈されうるし，実際，これらの解釈が最も自然である．

興味深いのは，否定文に対応する肯定文が真となる条件のうち，どの部分が偽となっているかは，その部分に強勢を置くことによって，明らかにすることができる．例えば，(21b) を例に取ると，以下に示す通り，様々な文の構成要素に強勢を置くことができる．

(23) a. JOHN didn't kiss Mary.
b. John didn't kiss MARY.
c. JOHN didn't kiss MARY.
d. John didn't KISS Mary.

【問題 7】 (23) の各文が，どのような意味を表しているか明らかにせよ．

この否定文と強勢の関係については，第 4 章 3 節で詳しく述べる．

さて，本節ではいわゆる**「文否定」**(**sentence negation**) を扱うが，これは，(21b) のように，典型的には not が文全体を否定する場合を指す．慣例的に文が表す意味を「命題」(proposition) と呼ぶが，これを記号 P で表すことにすると，P が否定されたものは，~P と表すのが慣例である．例えば，(21b) は以下のように表される．

(24)　~[John kissed Mary]

この表示が意味するのは,「ジョンがメアリーにキスしたというのは正しくない」というものである.「文否定は文全体を否定する」とは言っても,厳密には, not は命題 P を否定するということである. したがって, 従属節を伴っている文の場合には, 複数の命題 P が存在し, それに伴って, not が否定しうる範囲も複数存在しうる. 例えば, 以下の文は, (a, b) に示す通り, 二つの命題 P_1, P_2 が存在する.

(25)　I say that the door is open.

a.　P_2: [the door is open]

b.　P_1: [I say that P_2]

これに伴って, (25) の肯定文に対して, not がどちらの P を否定するのかによって, 二つの否定文が考えられる.

(26) a.　I say that the door is not open.

b.　I do not say that the door is open.

(26a) は, not が P_2 を否定している場合で, (26b) は, not が P_1 を否定している場合である. これを, 専門用語を用いて言い表すと, not は (26a) では P_2 を, そして (26b) では P_1 を**「作用域」**(**scope**) として取ると言う. Lyons (1977) が説明する通り, この not が取る作用域の違いによって, (26a, b) では意味に差が生じている. (26a) では, 話者は「ドアが開いていない」ことを主張しているが, (26b) では,「ドアが開いている」ことを主張もしていないし, はたまた否定もしていない. 論理的には, (25a, b) の両方の P を否定することも可能である.

(27)　I do not say that the door is not open.

この場合は, 話者は「ドアが開いていない」ことを主張もしていないし,否定もしていないことになる．ライオンズは，(26a, b) のような，not の作用域による意味の差を以下の二文にも認めている．

(28) a. I don't promise to assassinate the Prime Minister.

b. I promise not to assassinate the Prime Minister.

(Lyons (1977: 769))

このことは，これらの文に対応する肯定文 (29) にも二つの命題 P が存在することを示唆する．

(29) I promise to assassinate the Prime Minister.

a. P_2: [I will assassinate the Prime Minister]

b. P_1: [I promise P_2]

この文の従属節は to 不定詞句を成しているが，この節は「それ自身の時制を持たない」点と「その主語が省略されうる」点で，定形節 (finite clause) とは異なるが，それでも，その意味するところを補えば，(29a) に示された意味を持つと解することができる．そうすると，(28a) では，not が P_1 を，そして (28b) では P_2 を作用域に取っていることになる．また，(27) と同様，P_1 と P_2 の両方を否定することも可能である．

(30) I don't promise not to assassinate the Prime Minister.

【問題 8】 (28a, b) および (30) の文が，それぞれどのような意味を表しているか明らかにせよ．

以上の not の作用域に関する説明には興味深い例外が存在する．それは，主動詞に「思う」を意味する think や believe が関わる場合である．

(31) a. I didn't think he would do it.

b. I thought he would not do it. (Lyons (1977: 775))

これまでの説明によれば，(31a) では，not が文全体の命題を作用域に取り，(31b) では，not が従属節の命題を作用域に取るはずである．しかしながら，ライオンズによれば，(31a) に期待される解釈，すなわち「私は彼がそれをするだろうと思ったということはない」という解釈は，「英語の口語表現としてはまれ」(“unusual in colloquial English”) であり，最も自然な解釈は (31b) と同じ解釈である．この事実に対して，生成文法理論では，「否定辞上昇」(negative raising) という変形規則を仮定して，(31a) は，(31b) と同じ基底構造から，この変形規則によって，not を主節に繰り上げることによって導き出されるとの提案がなされた．この説明の成否やなぜこの上昇規則が，think や believe が主動詞の時にのみ適用するのかといった興味深い問題は，未解決のままである．ここでは，これ以上この問題には踏み込まない．

英語には文否定のケースとして，not を使う以外に，名詞句に no を付け加えることによって，文全体を否定することができる．

(32)　I saw no student.

この文は「私は学生の誰にも会わなかった」という文否定であり，以下の文で言い換えることができる．

(33)　I didn’t see any student.

このように，“no N” (N は名詞を指す) という表現は，“not ~ any N” に置き換えることができる．これを念頭に以下の文を考察してみよう．

(34)　I will force you to marry no one.　　　(Jackendoff (1972: 325))

まず，この文には二つの命題が存在することが，以下の肯定文を考察すると明らかである．

(35) I will force you to marry Mary.

a. P_2: [you will marry Mary]

b. P_1: [I will force you P_2]

そうすると，(34) において no one を not ~ anyone で置き換えた場合，not の取る作用域が P_2 なのかあるいは P_1 なのかによって，(34) はあいまいであることになる．

【問題 9】 (34) の文のあいまい性を説明するのに，no one を not ~ anyone で置き換えた文を完成させた上で，この文がどのようにあいまいであるか説明せよ．

これまでは，従属節が主節の項を成す場合の not の作用域の取り方を考察してきたが，今度は従属節が副詞節を成す場合を考察する．(26b) や (28a) のように (両文を以下に再掲)，従属節の that the door is open と to assassinate the Prime Minister が主動詞 say と promise の項を成している場合，not の作用域は必然的に従属節を含めた文全体に及ぶ．

(36) a. I do not say that the door is open.

b. I don’t promise to assassinate the Prime Minister.

これに対して，以下の文では because 節は副詞節の働きをしている．

(37) John doesn’t beat his wife because he loves her.

(ディロン (1977/1984: 158))

副詞節が (36a, b) の項を成す従属節と異なるのは，それが随意的で，主節は副詞節とは独立に意味を成すということである．この考察に基づいて，(37) では not が取る作用域として以下の二つの命題が考えられる．

(38) a. P_2: [John beats his wife]

b.　P_1: [P_2 because he loves her]

そして実際に (37) は，not が取る作用域によって，二通りに解釈される．

【問題 10】 (37) の文がどのようにあいまいであるか説明せよ．また，以下の文も，随意的な副詞句 until ten o'clock を含んでいることから，not の作用域の取り方によって，あいまいである．どのようにあいまいであるか明らかにせよ．

(39)　He didn't talk until ten o'clock.

3.　数量詞と作用域の相互作用

前節では，not のような否定表現が作用域を持ち，それが文のどの部分を作用域に取るかによって文全体の意味に影響を与えることを見た．本節では，**「数量詞」**（**quantifier**）とその作用域について解説する．数量を表す表現としては，「ある～」(a, some)，「すべての～」(every, all)，「たくさんの～」(many)，「たいていの～」(most)，「少しの～」(a few) などいろいろあるが，論理学において基本的に扱われる数量詞は，第 2 章 5.3 節で触れるところがあった∃で表される**「存在量化子」**（**existential quantifier**）と∀で表される**「普遍量化子」**（**universal quantifier**）によって表現されるものである．存在量化子は，「あるものが存在する」ことを表し，典型的には不定冠詞 a や some によって表現される．例えば，(40a) と (41a) の文はそれぞれ (40b) と (41b) のように表される（これらの表記では，時制と相を捨象している）．

(40)　a.　A boy is crying.

　　　b.　$\exists x$[boy (x) & cry (x)]

(41) a. A boy is kissing a girl.

b. $\exists x \exists y$ [boy (x) & girl (y) & kiss (x, y)]

数量化表現の意味的特徴として大切なことは，その数量化されたものが具体的に何を指し示しているかは明示されていないことである．例えば，(40a) は，「ある少年が泣いている」という意味で，実際にその少年が誰なのかは明示されていない．もし，(40a) が言い表している状況において，たまたま話し手と聞き手が知っている少年であれば，話者は John is crying のように表現したであろう．したがって，存在量化子によって表される存在物は，その指し示すものが定まっていない **「変項」(variable)** x によって表される．また，存在量化子を用いた表示においては，項と述語が & (かつ) によって結ばれ，(40b) は，「ある x が存在し，x は少年でかつ x は泣いている」ことを表している．また，(41b) では「キスする」関係にある二つの別々のものが存在していることから，それらを変項 x, y で表している．したがって，(41b) は「ある x とある y が存在し，x は少年で y は少女でありかつ x と y はキスする関係にある」ことを表している．

普遍量化子は，「ある行為や状態がすべてのものに当てはまる」ことを表し，典型的には every や all によって表現される．例えば，(42a) と (43a) の文はそれぞれ (42b) と (43b) のように表記される．

(42) a. Every boy is crying.

b. $\forall x$[boy (x) → cry (x)]

(43) a. Every boy is kissing every girl.

b. $\forall x \forall y$[(boy (x) & girl (y)) → kiss (x, y)]

上でも述べた通り，数量化表現には，その数量化されたものが具体的に何を指し示すかは明示されていない．「すべての少年」という表現も，それが言い表している少年がそれぞれ誰なのかを言い表していない．例えば，(42a) が表している状況において，泣いている少年が三人で，話し手と聞き手がそれらの少年を知っているのであれば，話者は John, Bill and Mike are crying と言い表すこともできたであろう．したがって，普遍量化子の場合にも，変項 x が用いられる．また，存在量化子とは異なり，項と述語は含意関係 → によって表される．そうすると，(42b) は「すべての x に対して，もし x が少年であれば x は泣いている」ことを表している．また，(43b) は「すべての x, y に対して，もし x が少年で y が少女であれば，x と y はキスする関係にある」ことを表している．

これらの数量詞が作用域を持つことは，一文に異なった数量詞が二つ以上生起した場合に，その作用域の相互作用によって，その文があいまいになることから動機付けられる．以下の文を考察してみよう．

(44)　Every boy is kissing a girl.

この文には，普遍量化子によって表される every boy と存在量化子によって表される a girl の二つの数量詞が含まれている．このように一文に二つ以上の作用域を取る要素が含まれる場合，比喩的に言えば，お互いが自分の作用域を主張しあい，結果，どちらの作用域が広いか狭いかという事態が生じる．この作用域の広狭によって (44) は二通りに解釈される．every boy が広い作用域を取る場合は，(45a) のように表示され，a girl が広い作用域を取る場合は，(45b) のように表示される．

(45) a.　$\forall x[\text{boy}\ (x) \rightarrow \exists y[\text{girl}\ (y)\ \&\ \text{kiss}\ (x, y)]]$

　　 b.　$\exists y[\text{girl}\ (y)\ \&\ \forall x[\text{boy}\ (x) \rightarrow \text{kiss}\ (x, y)]]$

(45a) は「すべての x に対して，もし x が少年であれば，ある y が存在し，y は少女でかつ x と y はキスする関係にある」ことを表している．ここで重要なことは，それぞれの少年に対して，その少年とキスする関係にある少女は別々の少女であり得るということである．したがって，仮に「すべての少年」の人数が三人だとすれば，「キスする (→)」関係が，以下に図示するような関係であり得ることになる．

(46)　$Boy_1 \rightarrow Girl_1$
　　　$Boy_2 \rightarrow Girl_2$
　　　$Boy_3 \rightarrow Girl_3$

これに対して，(45b) は「ある y が存在し，y は少女でかつすべての x に対して，もし x が少年であれば，x と y はキスする関係にある」ことを表している．この場合には，(45a) とは異なり，ある少女に対してすべての少年がこの少女にキスしていることを言い表している．したがって，この状況を図示すると以下のようになる．

(47)　Boy_1 ↘
　　　$Boy_2 \rightarrow Girl$
　　　Boy_3 ↗

このように数量詞の作用域の広狭によって，文が表す意味が異なってくる．

普遍量化子によって表される数量詞は，否定表現とも作用域の相互作用によってあいまいな文を作り出す．第 1 章 1 節で以下の文を考察した．

(48)　All arrows did not hit the target.

この文は，以下に示す通り，いわゆる全否定と部分否定の読みを持つ．

(49) a.　すべての矢が的に当たらなかった．
　　 b.　すべての矢が的に当たったわけではない．

(49a) が all arrows の広い読みで (50a) のように表示され，(49b) が not の広い読みで (50b) のように表示される（否定は ~ で表示されている）．

(50) a.　$\forall x$[arrow (x) → ~hit (x, the target)]
　　 b.　~[$\forall x$[arrow (x) → hit (x, the target)]]

(50a) は「すべての x に対して，もし x が矢であれば，x は的に当たることはない」ことを表し，(49a) の全否定の読みに対応する．他方，(50b) は「すべての x に対して，もし x が矢であれば，x は的に当たる，ということは真ではない」ことを表し，(49b) の部分否定の読みに対応する．

【問題 11】 以下の文において，(51a) は全否定の文であり，(51b) は部分否定の文である．また，それぞれの文は主語の数量詞と目的語の数量詞の作用域の相互作用によって二通りに解釈できる．この解釈を，(45) と (50) にならって表示し，その意味するところを明らかにせよ．

(51) a. No boy is kissing a girl.
　　b. Not every boy is kissing a girl.

3.1. 存在数量詞と指示的不透明性

ある特定のものが関わるある命題が真である場合，通例，その「ある特定のもの」が存在することが含意される．例えば，以下の二つの文を比較すると，

(52) a. John wants to see you.
　　b. A man wants to see you.

(52a) が真であれば，(52b) が含意される．この含意関係を論理学では，**「存在般化」**(**existential generalization**) と呼ぶ．これを定式化すれば以下のように表すことができる．

(53) $\mathrm{P}(a) \rightarrow \exists x\, \mathrm{P}(x)$

この定式化において，P はある述語を表し，左辺の P の項である a は，変項 x に対して，**「定項」**(**constant**) を表している．例えば，(52a) の

John が定項にあたる．この存在般化によって，(52a) は以下の表示によって表される命題を含意することになる．

(54) ∃x[man (x) & want (x, see (x, you))]

この表記において，存在量化子によって表されたものは，それが存在することが含意される．したがって，(52a, b) では「ある男が存在している」ことが含意される．

これに対して，このような存在の含意が打ち消される言語環境が存在する．Jackendoff (1972) は以下の文を掲げる．

(55) John wants to catch a fish. (Jackendoff (1972: 279))

この文は a fish に関して二通りの解釈が可能である．一つは，「ジョンがある特定の魚を念頭に置いて，その魚を捕まえたい」という解釈である．これをジャッケンドフは存在数量詞の**「特定読み」**(**specific reading**) と呼ぶ．もう一つは，「ジョンは何でもいいからとにかく魚を捕まえたい」という解釈で，これをジャッケンドフは存在数量詞の**「不特定読み」**(**non-specific reading**) と呼ぶ．この二つの解釈において，a fish の特定読みの場合は，ある魚が存在することが含意されるが，不特定読みでは，そのような含意は存在しない．そうすると，(55) を (52b) と比較した場合，この文の特殊性は a fish の不特定読みが可能であることに存することがわかる．これには，主動詞 want の意味特性が関わっている．直感的に言えば，want の内項によって表された命題 ((55) で言えば to catch a fish に相当する) は，現実世界に関する言明ではなく，主語の主観的世界についての言明である．したがって，その中に現れる魚は必ずしも現実世界での存在を含意しないことになる．このように考えてくると，(55) における a fish のあいまい性は，その作用域が文のどの部分に及んでいるかによって捉えることが可能である．すなわち，a fish の特定読みは，(56a) のように，a fish が文全体を作用域に取る場合に得られる読みであり，不特定読みは，(56b) のように，a fish が want の従属節を作用域に取る場合に得られる読みである．

(56) a.　$\exists x$[fish (x) & want (John, catch (John, x))]

　　b.　want (John, $\exists x$[fish (x) & catch (John, x)])

そして，これらの表示において，a fish の存在が含意されるのは，この存在数量詞が (56a) のように，文全体を作用域に取った場合であり，(56b) のように，存在数量詞の作用域が want のような動詞の従属節に留まる場合，そのような含意は存在しない．この状況を専門用語を用いて，want タイプの動詞は存在数量詞に対して，**「不透明領域」(opaque domain)** を形成すると言い，このような場合，存在数量詞は「指示的に不透明である」(referentially opaque) と言う．

「a fish の存在が含意されるかどうか」は，この存在数量詞を代名詞で指し示すことができるかどうかに呼応する．以下の文を考察する．

(57) a.　John wants to touch a fish. You can see it over there.

　　b.　John wants to touch a fish and I want to kiss it.

　　c.　John wants to touch a fish and kiss it too.

　　d.　John wants to touch a fish. He saw one over there.

(Jackendoff (1972: 287))

(57a) では，it が a fish を指し示しうるためには，a fish は特定読みで解釈されなければならない．この事実は，代名詞が存在数量詞を指し示すためには，その存在が含意されていなければならないことを示唆する．(57b) においても，it は want の不透明領域内にあるが，a fish との指示関係に関しては，(57a) と変わるところはない．すなわち，a fish は特定読みにおいてのみ，it によって指し示すことができる．ちなみに，I want to kiss it において，it は代名詞の意味的性質上，特定読みにしか解釈され得ない．これに対して，(57c) では事情が異なってくる．というのは，

a fish は特定読みでも不特定読みでも it によって指し示すことができるからである．これは，it が a fish と同じ want の不透明領域に属しているからである．代名詞は，「その存在が含意されるものを指し示す」機能（これを「共指示」(coreference) と呼ぶ）と共に，数量詞の作用域内にある場合には，その数量詞の変項としても働くことができる（この詳しい解説については，4 節を参照のこと）．したがって，(57c) は以下の意味表示によって表される二つの解釈を持つ．

(58) a. $\exists x$[fish (x) & want (John, touch (John, x) & kiss (John, x))]
b. want (John, $\exists x$[fish (x) & touch (John, x) & kiss (John, x)])

(58a) は a fish の特定読みを表し，「ある特定の魚が存在し，その魚はジョンが触ってキスしたがっているものである」と解される．これに対して，(58b) は a fish の不特定読みを表し，「ジョンは，魚であれば何であれ，触ってキスしたがっている」と解される．(57d) では，代名詞 it の代わりにいわゆる不定代名詞 one が用いられている．この one は，it とは異なり，「その存在が含意されるものを指し示す」のではなく，その先行詞の表現内容のみを受け継ぎ，全体的には不定のものを指し示している．したがって，(57d) では，one は a fish を指し示し，以下のように言い換えられる．

(59) John wants to touch a fish. He saw a fish over there.

この言い換えから明らかなように，(57d) の二つの文は，魚の指示性に関してお互いに影響を与え合うことなく，独立している．したがって，最初の文は a fish の指示性に関して，特定読みと不特定読みの両方が可能で，二番目の文では，saw が want のような不透明領域を作り出す述語ではないので，a fish はその存在が含意されるものを指し示し，特定読みに相当する．

ちなみに，日本語では，英語とは異なり，代名詞に相当するものは発音される必要はなく，(57d) を以下のように訳すことができる.

(60)　ジョンは魚に触れたがっている.（さっき）向こうの方で見かけた（ようだ).

この中の二番目の文の主語は，he に相当するものが省略されているが，これは明らかにジョンを指し示している. それでは，「見かけた」の目的語は何を指し示しているであろうか. 魚を指し示していることは確かであるが，それはある特定の魚であろうか，それとも不特定の魚であろうか. 最初の文に出てきている，「魚」という表現は，英語の場合とは異なり，定冠詞や不定冠詞がないため，それが a fish に相当するのか the fish に相当するのか形から判断はできないが，特段の文脈が与えられていない限り，(60) で「魚」は a fish を表している（もしくは，日本語では単複があいまいになるので，複数の魚である可能性もある). そうすると，二番目の文の「見かけた」の目的語は，it に相当する特定の解釈を受けるのか，one に相当する不特定の解釈を受けるのかが問題となる. 興味深いことに，この文はどちらの解釈も可能である. さらに，特定の解釈の場合には，(57a, b) の場合と同様，最初の文の「魚」は，特定読みの解釈になる.

さて，2 節で否定表現について，それが文を作用域に取ることを見てきたが，この否定表現の作用域が，want の場合と同様，存在数量詞に対して，不透明領域を構成する. ディロンは以下の文を考察している.

(61)　John didn't kiss a girl.　（ディロン (1977/1984: 159))

この文は，ちょうど (55) の場合のように，a girl が not の作用域内にあるかないかで二通りの解釈が可能である. 一つは，「ある特定の少女がいて，その少女にジョンはキスしなかった」という意味であり，この場合はある少女の存在が含意されるが，もう一つの解釈では，「ジョンにキスされた少女はいなかった」という意味であり，少女の存在は含意されない.

【問題 12】 (56) にならって，この二つの解釈を意味表記せよ.

ジャッケンドフは，not が存在数量詞に対して不透明領域を構成する証拠として，そのような領域にある存在数量詞とそれを指し示す代名詞とが，ちょうど (57) と同様の特徴を示すことを指摘している.

(62) a. ?I didn't catch a fish, and it was ugly.
b. ?I didn't catch a fish, and I didn't bring it home.
c. I didn't catch a fish and bring it home.
d. I didn't catch a fish, but Bill caught one.

(Jackendoff (1972: 301))

【問題 13】 (62) の各文について，a fish の特定・不特定読みがそれを指し示す代名詞によってどのような影響を被るのかを，上の (57) の各文の説明にならって，明らかにせよ.

存在数量詞の変異型として，or で表される **「選言」(disjunction)** をあげることができる．選言は，あるものの存在を表すが，その選択肢として A or B の形を取ることによって，その存在物が A か B であることを表している．例えば，以下の文では，

(63) I met John or Bill.

私が会った人が誰かいることが含意され，それはジョンかビルであったという意味である．このことを念頭に，以下の文を考察する.

(64) a. I didn't have a good time in France or England.
b. In France or England, I didn't have a good time.

(Chomsky (1980: 156))

選言は，a fish や a girl のような通常の存在数量詞とは異なり，want や not の不透明領域内にあって，特定読みと不特定読みのような区別は存在しない．したがって，(64a) では，France or England が not の作用域内に留まる読みのみが得られる．これに対して，(64b) では，in France or England が文頭に置かれることによって，not の作用域の外にある読みが得られる．

【問題 14】 (64) の二つの文の意味の違いを明らかにせよ．〈ヒント〉ド・モルガンの法則 $(\sim(A \vee B) = \sim A \wedge \sim B)$ を参考にせよ．

ちなみに，or のような選言に対して，and のような**「連言」**(**conjunction**) が存在するが，これは，普遍数量詞の変異型と考えられる．ただこの場合も選択肢が与えられていて，例えば，P (a & b) という命題は，「ある与えられたすべてのものが P という特性を持つが，その与えられたものとは，a と b のことである」と解することができる．

【問題 15】 以下の二つの文の意味の違いを明らかにせよ．〈ヒント〉ド・モルガンの法則 $(\sim(A \wedge B) = \sim A \vee \sim B)$ を参考にせよ．

(65) a. I didn't have a good time in (both) France and England.
　　 b. In (both) France and England, I didn't have a good time.

3.2.　普遍数量詞の配分読みと集合読み

普遍数量詞には every や each そして all を含む表現が含まれるが，every/each 対 all には興味深い意味的特性の違いが見られる．まず以下の all を含む普遍数量詞の文を考察する．

(66) a. All those blocks are yellow.
 b. All those blocks are similar.
 c. All those blocks fit together. (Vendler (1967: 72))

ヴェンドラーは，(66a) については，以下の文のように，each/every を含む表現で言い換え可能であると指摘する．

(67) Each (Every one) of those blocks is yellow.

これに対して，ヴェンドラーは，(66b, c) は each/every を含む表現によっては言い換え可能ではないことを指摘している．

(68) a. #Each (Every one) of those blocks is similar.
 b. #Each (Every one) of those blocks fits together.

この違いは，述語の違いに起因する．(66a) の yellow は，主語の積み木一つ一つに当てはまる属性を表しているのに対して，(66b, c) の similar と fit together は，積み木全体に当てはまる属性を表している．前者のように，普遍数量詞で表されている集合の個々のメンバーが当該の命題の真偽に関わっている場合，これを**「分配読み」**(**distributive reading**) と呼び，集合全体が関わっている場合は，**「集合読み」**(**collective reading**) と呼ぶ．上の考察から，all を含む普遍数量詞はこの二つの読みを表しうるが，every/each を含む普遍数量詞は分配読みに限られることが分かる．上で，普遍数量詞は普遍量化子∀を用いて表されることを述べたが，これは分配読みに対してであって，集合読みに関しては別の取り扱いが必要である．

ヴェンドラーは，(66b, c) の集合読みとはどのような解釈であるかを，さらに突っ込んで考察している．まず，(66b) に関し，以下のような積み木の集合の分配読みに基づいた言い換えが (66b) の集合読みを言い表しているかどうか検討している．

(69)　Each of those blocks is similar to every other.

ヴェンドラーはこの言い換えは（66b）の意味を正しく表してはいないと指摘し，その理由を以下のように述べている．

(70)　If we interpret the relation of similarity as having at least one common characteristic, then it is quite possible that each block be similar to every other without all of them being similar.

(Vendler (1967: 73))

（もし類似性という関係を少なくとも一つ共通の特徴を持ったものと解釈するのであれば，積み木すべてが類似することなく，おのおのの積み木が別のすべての積み木おのおのと類似していることはあり得る．）

この説明の意味するところは，例えば，積み木の集合のメンバーが三つから成るとして（B_1, B_2, B_3），これらのメンバーから成る対 {B_1, B_2}，{B_1, B_3}，{B_2, B_3} それぞれがある特徴（C_1, C_2, C_3）に関して類似していた場合，この状況において，(69) が表している命題は真であるが，(66b) は真にはならないということである．(66b) が真であるためには，積み木の集合のメンバーが少なくとも一つは共通の特徴を持っている必要がある．したがって，(66b) が真である状況では常に (69) も真となるが，その逆は成立しない．

ヴェンドラーは，(66c) についても，以下の文との意味の比較を行っている．

(71)　Each of those blocks fits every other.

上の similar の場合と同様，この場合にもまた，おのおのの積み木が他のすべての積み木おのおのとぴったり合うからといって（ヴェンドラーは L 字型の積み木二つで立方形のものを形作る場合を想定している），必ずしも積み木全体がぴったり合うとは限らないことを指摘し，(71) が (66c) の言い換えとしてふさわしくないことを明らかにしている．さらに，similar の場合は，(66b) は (69) を含意することを述べたが，fit together の場合には，(66c) が真であるからといって，(71) が必ずしも真ではないと，ヴェンドラーは指摘する．例えば，ジグソーパズルのように，おのおのの積み木が他のすべての積み木おのおのとぴったり合わないにしても，全体的にはぴったり合う場合が考えられるからである．

このように，普遍数量詞には，普遍量化子∀によって表される分配読みの他に集合読みが存在する．この集合読みは，上で考察した通り，述語の意味特性によって，異なった意味特性を示す．

4. 束縛変項としての代名詞

本節では，数量詞を先行詞に取る代名詞が指し示すものが何であるのかを考察し，その指示機能を明らかにしていきたい．まず以下の二つの文を考察する．

(72) a. John kissed his girl friend.
　　 b. Every boy kissed his girl friend.

(72a) では，his が John を先行詞に取る場合，この代名詞は John という名前が指し示しているものを指し示している．したがって，(72a) は以下のように言い換えることができる．

(73) John kissed John's girl friend.

このように，代名詞がその先行詞が指し示すものをそのまま指し示す場合，その代名詞の指示の仕方を**「共指示」(coreference)** と呼ぶ．これに対して，(72b) では，his が every boy を先行詞に取る場合，両者が共指示の関係にあるわけではない．というのは，his をその先行詞 every boy で置き換えた以下の文は，(72b) とは異なる意味を表しているからである．

(74)　Every boy kissed every boy's girl friend.

この文が意味するのは，例えば，every boy が三人の少年 $\{B_1, B_2, B_3\}$ から成り，それぞれにガールフレンド $\{G_1, G_2, G_3\}$ がいるとすると，B_1, B_2, B_3 それぞれが $\{G_1, G_2, G_3\}$ 三人にキスしたということである．これに対して，(72b) が意味するのは，「すべての少年が自分のガールフレンドにキスした」ということである．every boy が三人の少年 $\{B_1, B_2, B_3\}$ から成る状況では，B_1 は B_1 のガールフレンドである G_1 に，B_2 は B_2 のガールフレンドである G_2 に，そして B_3 は B_3 のガールフレンドである G_3 にキスしたということである．したがって，(72b) で，his が指し示すものは，主語が指し示すものと呼応して変化していることがわかる．このことは，(72b) を普遍量化子∀を用いて表した場合，以下に示す通り，his がその変項として働いていることを意味する．

(75)　$\forall x$[boy (x) → kiss (x, x's girl friend)]

この意味表記において，代名詞 his は普遍量化子∀によってその意味値が決定される変項 x として機能している．この場合，専門用語を用いると，「変項 x は普遍量化子∀によって束縛されている」と言い，したがって，代名詞 his は普遍量化子∀の**「束縛変項」**(**bound variable**) として働いていると言う．

以上をまとめると，代名詞はその先行詞に対して，共指示の関係にあるのみならず，数量詞が先行詞の場合には，束縛変項として働くことを見てきた．このことから，代名詞が共指示の関係にあるのか束縛変項の働きをするのかは，その先行詞の指示的特性によって決定されるように思われるかも知れない．しかしながら，(72a) のように代名詞の先行詞が John のような固有名詞であっても，代名詞が束縛変項の働きをしていると考えられる場合が存在する．そのような場合，代名詞は，3.1 節で述べた存在般化（以下に再掲）により，存在量化子∃によって束縛されていると考えることができる．

(76)　P（a）→ ∃x P（x）

この考え方に基づき，(72a）において，代名詞 his が束縛変項として働いている場合を以下のように表記できる．

(77)　∃x[x = John & kiss（x, x's girl friend）]

この表記が意味しているのは,「ある x が存在し，その x はジョンであり，x は x のガールフレンドにキスした」ということであり，実質的には,「ジョンはジョンのガールフレンドにキスした」と同じ意味を表している．しかしながら，このような場合に，his が共指示の働きをしているのか，もしくは束縛変項の働きをしているのかで，異なった意味が導き出される場合がある．以下の文を考察する．

(78)　Only John thinks that he is smart.
（ジョンだけが頭がいいと思っている）

この文はあいまいで，そのあいまい性は，he が John と共指示の関係にあるのか，もしくは，束縛変項の働きをしているのかによって導き出される．このことを明らかにするためには，まず only ~ の表現が何を意味しているのかを説明する必要がある．以下の文を用いて，only ~ の表現の意味を考察する．

(79)　Only John thinks that Bill is smart.
（ジョンだけがビルが頭がいいと思っている）

この文の意味することを，以下のように言い表すことができる．

(80) a.　ジョンはビルが頭がいいと思っている.

b.　ジョン以外の人はすべて，ビルが頭がいいとは思っていない.

これを，存在量化子と普遍量化子を用いて表記すると (81) か (82) のように表すことができる.

(81)　P = the set of the relevant people:
think (John, smart (Bill)) & ∀y[(y∈P, y≠John) → ~think (y, smart (Bill))]

(82)　P = the set of the relevant people:
∃x[x=John & think (x, smart (Bill))] & ∀y[(y∈P, y≠John) → ~think (y, smart (Bill))]

(81) の前半部分は (80a) を意味し，後半部分は (80b) を意味している. (82) は (81) と前半部分において異なるが，この場合は，存在般化によって，存在量化子∃が用いられている.

さて，以上のことを踏まえた上で，(78) の文に戻ると，この文を (81) や (82) のような意味表記で表すには，これらの表記にある Bill を代名詞 he で置き換えればよいことになるであろう. 上で説明した通り，代名詞はその先行詞と共指示の関係にあるか，もしくはその束縛変項の働きをする. 共指示の場合は，he は単に John を指し示すので，(81) および (82) の Bill を John で置き換えれば，(79) の一つの意味は得られる.

(83)　P = the set of the relevant people:
think (John, smart (John)) & ∀y[(y∈P, y≠John) → ~think (y, smart (John))]

(84)　P = the set of the relevant people:
∃x[x=John & think (x, smart (John))] & ∀y[(y∈P, y≠John) → ~think (y, smart (John))]

この二つの意味表記は同じ意味を表しており，「ジョンはジョンが頭がいいと思っており，ジョン以外の人はジョンが頭がいいとは思っていない」と解釈される．もう一つの解釈は，he が束縛変項の働きをしている場合である．この場合は，(83) と (84) において he を John で置き換えた部分を変項 x, y で置き換える必要がある．(83) の意味表記では he を束縛変項として扱うことはできない．というのは，& の前半部分の smart の項である he を変項 x で置き換えた場合，それを束縛する量化子が存在しないからである．したがって，(84) の存在般化を適用した表記を用いる必要がある．この表記において，smart の項である he を変項で置き換えると以下のようになる．

(85) P = the set of the relevant people:
$\exists x[x = \text{John} \ \& \ \text{think}\ (x, \text{smart}\ (x))] \ \& \ \forall y[(y \in \text{P}, y \neq \text{John}) \rightarrow \sim\text{think}\ (y, \text{smart}\ (y))]$

この表記において，& の前半部分の he は x で置き換えられているのに対して，& の後半部分の he は y で置き換えられている．これは，それぞれの変項が別々の量化子によって束縛されているためである．すなわち，最初の変項 x は存在量化子∃によって束縛されているのに対して，二番目の変項 y は普遍量化子∀によって束縛されているからである．このように変項として働く he が別々の量化子によって束縛されていることが，新たな意味を生み出す．この場合，smart の変項 x, y はそれぞれ主節動詞 think の変項 x, y と同じものを指し示すことになることに着目してほしい．このことから，この第二番目の意味は，日本語に訳すと以下の文と同じ意味を表している．

(86) ジョンだけが自分が頭がいいと思っている．

【問題 16】 このように he が束縛変項の働きをしている場合に得られる意味が，John と共指示の関係にある場合に得られる意味とどのように異なっているか，明らかにせよ．
〈ヒント〉以下の状況において，he の共指示の読みと束縛変項の読みが真となるのか偽となるのか考察せよ．
(83)-(85) において当該の集合 P を {ジョン，ビル，メアリー} とした場合，誰が誰を頭がいいと思っているかに関して以下の関係が成り立つとする．

(i)　ジョン → ジョン，ビル → ビル，メアリー → ビル
(ii)　ジョン → ジョン，ビル → メアリー，メアリー → ジョン

代名詞の共指示の読みと束縛変項の読みの違いが，以下のような削除構文においても現れる．

(87)　John likes his mother, and Bill does too.

この文の前半部分において，his は John を指し示すものとする．後半部分の Bill does too では動詞句に相当する部分が削除されていて，意味的には，Bill likes his mother too と解釈される．問題は，この文の his が何を指し示すかである．それについては，この文の前半部分の his とその先行詞である John が共指示関係にあるのか，his が束縛変項として働いているのかで変わってくる．この前半部分の二つの指示関係は，以下のように意味表記される．

(88) a.　like (John, John's mother)
　　b.　$\exists x[x = \text{John}$ & like $(x, x\text{'s mother})]$

(88a) が his が John と共指示の関係にある場合で，(88b) が his が束縛変項として働いている場合である．さて，これに対して，(87) の後半部分の Bill does too にどのような意味表記が与えられるのかであるが，こ

の部分の動詞句が省略されているということは，この部分が John likes his mother の動詞句の部分 likes his mother と同じ意味内容を持つことを意味する．

【問題 17】 (87) の Bill does を (88a, b) にならって意味表記せよ．また，得られた意味表記がどのような意味を表しているか明らかにせよ．

4.1. 再帰代名詞と発音されない代名詞

代名詞には，he や his のような普通代名詞の他に，-self の形を持つ再帰代名詞がある．この再帰代名詞も，以下の例文から，その先行詞と共指示の関係にあったり，束縛変項の働きをしたりするように見える．

(89) a. John likes himself.
　　 b. Every boy likes himself.

(89a) では himself は John を指し示し，共指示の関係にあるように見え，(89b) では，普遍数量詞 every boy によって束縛された変項の働きをしているように思われる．しかしながら，再帰代名詞は，普通代名詞とは異なり，(89a) のような場合，先行詞と共指示の関係にあるのではなく，もっぱら束縛変項の働きをしていると考える証拠がある．上で，only ~ 句を先行詞に取る普通代名詞が，共指示読みと束縛変項読みの二通りの解釈を生み出すことを見たが，再帰代名詞は束縛変項読みのみを許容する．以下の二つの文を比較する．

(90) a. Only Lucie praised her father.
　　 b. Only Lucie praised herself.

(Reinhart and Reuland (1993: 674))

(90a) は，普通代名詞 her が先行詞 Lucie と共指示の関係にあるのか，束縛変項の働きをしているのかで，二通りの解釈が可能であるが，(90b) では，herself の束縛変項読みのみ許容される．

【問題 18】 (83)-(85) を参考にしながら，(90a, b) の可能な読みを意味表記せよ．また，具体的にどのように意味が異なるのかを，**【問題 16】** を参考にしながら明らかにせよ．

同様に，動詞句削除構文においても，再帰代名詞は束縛変項として働いていることがわかる．

(91) Lucie praised herself, and Lili did too.

(Reinhart and Reuland (1993: 674))

この文では，herself の束縛変項読みのみ可能である．

【問題 19】 (91) の Lucie praised herself と Lili did を意味表記せよ．その上で，得られた意味表記がどのような意味を表しているか明らかにせよ．

代名詞には，普通代名詞と再帰代名詞以外に，これらと意味的な働きの類似した「発音されない代名詞」をあげることができる．以下の文を考察する．

(92) Churchill remembers giving a speech.
(チャーチルは演説を行ったことを覚えている)

この文において，giving a speech の主語が明示されていないが，日本語訳からも明らかな通り，この述語の主語は Churchill である．この事実を捉えるために，生成文法理論では，PRO と呼ばれる発音されない代名詞を仮定し，(92) は以下のように表示される．

(93)　Churchill$_1$ remembers [PRO$_1$ giving a speech]

この表示において，Churchill と PRO に下付きの 1 を付したのは，PRO が Churchill を指し示すことを表すためである．さてこのように仮定した場合，PRO は，普通代名詞のように，その先行詞と共指示の関係にあるのか束縛変項の働きをするのかであいまいであるのか，それとも，再帰代名詞のように，束縛変項としてのみ働くのであろうか．only ~ 句を先行詞に取った場合と，動詞句削除構文を考察すると，PRO は再帰代名詞のように振る舞うことがわかる．以下の文を考察する．

(94)　Only Churchill remembers giving the BST speech.

(Hornstein (1999: 73))

この文は，(95a) と同じ意味を表し，PRO の束縛変項読みのみを許容する．したがって, he の共指示読みと束縛変項読みの両方を許容する (95b) とは，意味が異なっている．

(95) a.　Only Churchill remembers himself giving the BST speech.
　　 b.　Only Churchill remembers that he gave the BST speech.

【問題 20】 (95b) の可能な読みを意味表記せよ．また，この二つの読みが具体的にどのように異なるのかを，**【問題 16】** を参考にしながら明らかにせよ．

また，以下の動詞句削除構文を考察すると，

(96)　John expects to win and Bill does too.　　(Hornstein (1999: 73))

この文の前半部分は，以下に表示する通り，win の主語に PRO が存在し，

John を指し示している．

(97)　$John_1$ expects [PRO_1 to win]

したがって，この文は「ジョンは自分が勝つことを予期している」と解される．この場合，PRO が束縛変項として働いていることが，(96) の後半部分の削除された動詞句の解釈が，PRO が束縛変項として働いている解釈しか許容しないことから証拠付けられる．

【問題 21】 (96) の John expects to win と Bill does を意味表記せよ．その上で，得られた意味表記がどのような意味を表しているか明らかにせよ．

4.2.　相互代名詞

本節では相互代名詞の意味的特性を明らかにする．まず，以下の文を考察する．

(98)　The men know each other.
　　（その男たちはお互いを知っている）

この場合，相互代名詞 each other は the men を先行詞に取っていると言われるが，この二つが共指示の関係にあるわけではないことは明らかである．また，普通代名詞や再帰代名詞がその先行詞の束縛変項の役割を果たすことを上で見たが，これと同じ意味で，相互代名詞がその先行詞の束縛変項として働いているわけでもない．この代名詞の特殊性は，その中に each という普遍数量詞に相当するものを含んでいて，それが先行詞を「修飾している」ことである．実際，(98) は以下のように言い換えられる．

(99)　Each of the men knows the others.

この文の意味するところは，「その男たちのそれぞれが，他の男たちを知っている」ということである．したがって，(98) と (99) の文は以下のように意味表記できる．

(100) M＝the set of *the men*:

$$\forall x \forall y[(x, y \in \mathrm{M}, x \neq y) \rightarrow \text{know}(x, y)]$$

この表記は「すべての x，y について，x，y が「その男たち」の集合 M のメンバーで，x と y が同一メンバーでないならば，x と y は知っているという関係にある」ことを意味している．これが，(98) と (99) が意味するところのものである．相互代名詞は，言ってみれば，each によってその先行詞を普遍数量詞化し，other によって，先行詞が取る意味値とは別の値を取ることを示している．

興味深いことに，each other の each がその先行詞を普遍数量詞化する仕方は，(99) のような each of ~ 表現の仕方とは異なっている．以下の二つの文を比較する．

(101) a. Her grandparents hate each other. (Gillon (1984: 149))
b. Each of her grandparents hates the others.

Gillon (1984) によれば，(101a) は，嫌い合っているのが，父方の祖父母と母方の祖父母の間である場合も真と見なされうる．これに対して，(101b) が意味するのは，(100) に示されたように，「彼女のすべての祖父母それぞれが，他の祖父母を嫌っている」という意味になる．このように，each of ~ 表現の場合は，当該の集合の個々のメンバーが普遍量化子∀の対象となっているが，each other の場合は，普遍量化子∀の対象となるメンバーが個々のメンバーである必要はなく，当該の集合の部分集合が普遍量化子∀の対象となりうることがわかる．今仮に彼女の祖父母の集合を $\{GF_1, GM_1, GF_2, GM_2\}$ とし，GF は祖父を，そして，GM は祖母を表すものとする．また，下付きの 1 は父方の祖父母を，そして，下付きの 2 は母方の祖父母を表すものとする．この集合から二つの部分集合 $GP_1 = \{GF_1, GM_1\}$，$GP_2 = \{GF_2, GM_2\}$ を抽出したとする．この操作は，言わば，祖父母の集合を二分割にしたものである．このような操作を Higginbotham (1981) に従って，**「分割」(partition)** と呼ぶことにする．この分割の操作には二つの条件がある．

(102) a. 元の集合のメンバーが分割された部分集合のいずれかに網羅的に含まれていること．

b. 分割された部分集合のメンバー間に重複がないこと

そうすると，祖父母全体の集合を，$GP_1 = \{GF_1, GM_1\}$ と $GP_2 = \{GF_2, GM_2\}$ に分割するのは，この条件にかなっている．というのは，祖父母全体の集合のメンバーそれぞれが GP_1 か GP_2 に属し，かつ，この二つの部分集合のメンバーには重複がないからである．この分割の操作に従えば，祖父母の集合はほかにもいろいろと分割可能である．例えば，$\{GF_1\}$ と $\{GM_1, GF_2, GM_2\}$ の二分割，$\{GF_1\}$ と $\{GM_1, GF_2\}$ と $\{GM_2\}$ の三分割，そして $\{GF_1\}$ と $\{GM_1\}$ と $\{GF_2\}$ と $\{GM_2\}$ の四分割などは，すべて (102) の条件にかなっている．この分割によって得られた部分集合の変項を X，Y で表すことにすると，(101a) は以下のように意味表記できる．

(103) P = a partition of the set of *her grandparents*:

$\forall X \forall Y[(X, Y \in \mathrm{P}, X \neq Y) \rightarrow \mathrm{hate}\ (X, Y)]$

この意味表記において，分割 P が祖父母の集合を $GP_1 = \{GF_1, GM_1\}$ と $GP_2 = \{GF_2, GM_2\}$ の二つの部分集合に分割したものとすると，この意味表記は，「父方の祖父母と母方の祖父母がお互いを嫌い合っている」と解釈される．

【問題 22】 以下の (104) がどのような意味か明らかにせよ．

(104)　The men and the women both admire each other.

(Gillon (1984: 172))

もう一つ，each other が each of ~ 表現と意味的に異なる点をあげることができる．以下の文を考察する．

(105) a.　The men are hitting each other.

(その男たちがお互いを殴り合っている)

b.　Each of the men is hitting the others.

(Fiengo and Lasnik (1973: 448))

(105b) は「男たちの集合の個々のメンバーが他のすべてのメンバーを殴っている」ことを意味している．これに対して，(105a) では，「殴り合い」が部分的にあちこちで起こっている状況をも意味しうる．この「部分的相互読み」を Fiengo and Lasnik (1973) は，以下のように言い表している．

(106)　*S* can be divided into subsets S_i such that every member of S_i hit every other member of S_i　(Fiengo and Lanik (1973: 449))

(集合 S (すなわち the men の集合) はいつくかの部分集合 S_i に分割でき，おのおのの S_i において，すべてのメンバーがすべての他のメンバーを殴った)

この部分的相互読みの場合も，上で規定した「分割」の概念を用いることができる．例えば，the men が $\{M_1, M_2, M_3, M_4, M_5\}$ の五人の集合から成る場合，この集合を (102) の条件に従って，$\{M_1, M_2\}$ と $\{M_3, M_4, M_5\}$ に二分割することができる．そうすると，「殴り合い」の行為が，それぞれの部分集合内で起きている場合が，部分的相互読みということになる．この読みは以下のように意味表記できる．

(107)　P = a partition of the set of *the men*:

$$\forall X[X \in P \rightarrow \forall x \forall y[(x, y \in X, x \neq y) \rightarrow \text{hit}(x, y)]]$$

この表記は「the men の集合をある仕方で分割した場合，その P のすべてのメンバー X について，その X のメンバー x，y すべてが殴るという関係にある」ことを意味する．

【問題 23】 上の（104）は部分的相互読みにも解釈される．それが具体的にどのような解釈か明らかにせよ．

このように，相互代名詞 each other が表す相互性は，each が「分割」の概念によって部分集合を作り出し，この部分集合間に作用する場合と，それぞれの部分集合内で作用する場合があることがわかる．

5.　不透明性：信念文脈の場合

3.1 節で動詞 want や否定辞 not が不透明領域を形成することを述べた．本節では，そのような不透明領域を形成する別のケースとして，いわゆる**「信念文脈」**（**belief-context**）を取り上げる．この信念文脈とは，動詞 believe や think などがその従属節が表す命題に対して示す不透明性のことである．まず，このような動詞は，want や not と同じく，その従属節内にある存在数量詞に対して不透明領域を成す．以下の文を考察する．

(108)　John believes that a ghost is haunting his house.

(Chomsky (1981: 63))

この文の最も自然な解釈は，ジョンの信念世界の中に幽霊がいて，それがジョンの家に現れるというもので，現実に幽霊がいることを含意しない．したがって，この場合，believe は存在数量詞 a ghost に対して不透明領域を形成していると言える．3.1 節では，さらに，不透明領域内に現れる存在数量詞は，その不透明領域内で解釈されるのか（不特定読み），それともその領域外で解釈され，それが表すものの存在が含意されるのか（特定読み）であいまいになることを述べた．信念領域でも同様のあいまい性が生み出される．したがって，(109) は (110) に意味表記されるように，二通りに解釈可能である．

(109) Ralph believes that someone is a spy.

(110) a. believe (Ralph, $\exists x$[person (x) & spy (x)])

b. $\exists x$[person (x) & believe (Ralph, spy (x))]

(110a) は，someone の不特定読みを表し，「ラルフは誰かわからないがスパイがいると信じている」ことを意味している．これに対して，(110b) は，someone の特定読みを表し，「ある特定の人がいて，ラルフはその人がスパイであると信じている」ことを意味している．

この believe が作り出す不透明領域は，存在数量詞以外にも，興味深いあいまい性をもたらす．Quine (1956) は，まず以下のようなシナリオを想定している．

(111) ラルフはある時浜で見かけた男をスパイであると信じている．一方，ラルフはオートカットという人物を知っているが，オートカットとラルフが浜で見かけた人物が同一人物であったことを知らなかった．

その上で，以下の文を比較してみよう．

(112) a. Ralph believes that the person he saw on the beach is a spy.

b. Ralph believes that Ortcutt is a spy.

さて，(111) に与えられたシナリオにおいて，この両文は真とみなされるであろうか．(112a) が真であることはシナリオに書かれている通りであるが，問題は (112b) が真とみなされるかどうかである．日本語で考えてみると「ラルフはオートカットがスパイであると信じている」という文は，

(111) のシナリオにおいても真であるとみなされるであろう．英語の (112b) も同様である．これは，オートカットという人物の同定がラルフの信念世界で行われる読みのみならず，ラルフの信念世界の外側，すなわち現実世界において話者によって行われる読みが可能だからである．Jackendoff (1975) は前者を**「不透明読み」**(**opaque reading**) と呼び，後者を**「透明読み」**(**transparent reading**) と呼んでいるが，一般的に前者を **de dicto 読み**，そして後者を **de re 読み**と呼ぶのが習わしである．ジャッケンドフは，これらの読みを以下のように解説する．

(113) … the opaque reading, on which the name *Ortcutt* is part of Ralph's belief and Ralph identifies the purported spy as *Ortcutt*. … transparent reading, in which Ralph believes someone to be a spy, but the identification of that person as Ortcutt is the speaker's responsibility and not Ralph's: …

(Jackendoff (1975: 78))

(不透明読みにおいては，「オートカット」という名前はラルフの信念の一部で，ラルフはスパイと称された者をオートカットと同定する．透明読みにおいては，ラルフは誰かがスパイであると信じているが，その人物がオートカットであると同定するのは，話者の責任で，ラルフのではない．)

(110) にならってこの二つの読みを表記すれば，以下のようになるであろう．

(114) a. believe (Ralph, $\exists x[x = \text{Ortcutt}$ & spy $(x)]$) ［不透明読み］

b. $\exists x[x = \text{Ortcutt}$ & believe(Ralph, spy (x))] ［透明読み］

さて，以上のことを踏まえると，(112b) の文が (111) のシナリオ下で発話されるとすると，この文は，Ortcutt の透明読みにおいて真と判断されることがわかる．

この透明読みの存在が，一見すると矛盾した文のように思われる以下の二つの文が容認可能な文であることを説明してくれる．

(115) a. Charlie believes that the book that was burned was not burned.
b. Charlie believes that the dead man is alive.
(Jackendoff (1975: 53))

実際以下の文は矛盾文である．

(116) a. #The book that was burned was not burned.
b. #The dead man is alive.

【問題 24】 (115) の両文は，(116) の文とは異なり，必ずしも矛盾文とはみなされないのはなぜか，その理由を明らかにせよ．

6. まとめ

・ライヘンバッハの時制と相の理論の最大の特徴は，「発話の時点 S」と「事象の時点 E」のみならず，「参照の時点 R」を設定したことにある．この理論に従えば，現在・過去・未来時制は以下のように表される．

(i) a. 現在： b. 過去： c. 未来：

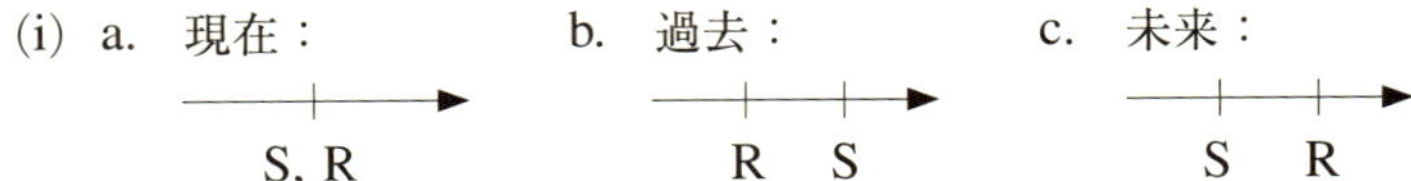

そして，単純に現在・過去・未来時制を表す場合は，E が R と同じ時点を指し示すが，完了相の場合には，E は R より前の時点を指し示す．

(ii)　完了相：

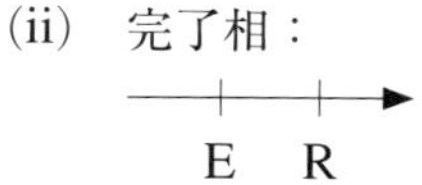

そして進行相は E がある時間の幅を持つものとして表される.

(iii)　進行相：

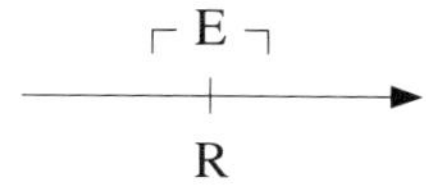

R の働きの重要性を示すものとして,「時間を表す修飾語句が修飾するのは，E ではなく，R であること」，そして「時制の一致とは，R の一致を意味すること」があげられる.

・いわゆる文否定は，否定辞が文を作用域に取る場合のことである．従属節を伴う複合文では，not が主節に位置するのか，それとも従属節に位置するのかでその作用域が異なり，よって文全体が表す意味も異なってくる．また，英語では，名詞句に no を付け加えることによって，文全体を否定することができるが，この no ~ 表現が複合文に生起した場合，従属節を作用域に取るのか，文全体を作用域に取るのかであいまいになる．また，副詞句や副詞節は，not の作用域に含まれるか含まれないかで，異なった解釈を受ける.

・数量詞には，典型的に，存在量化子∃で表される存在数量詞と普遍量化子∀で表される普遍数量詞とがある．A boy is crying は $\exists x$[boy (x) & cry (x)] のように表記され，Every boy is crying は $\forall x$[boy (x) → cry (x)] のように表記される．これらの数量詞が作用域を持つことは，一文に異なった数量詞が二つ以上生起した場合に，その作用域の相互作用によって，その文があいまいになることから動機付けられる．Every boy is kissing a girl において，every boy が a girl より広い作用域を取る場合は，それぞれの少年が可能性としては別々の少女にキスしているという読みが得られるのに対して，a girl のほうが広い作用域を取る場合には，ある一人の少女にすべての少年がキスしているという読みが得られる．

存在数量詞が，want や not が形成する不透明領域内に生起すると，その数量詞が表すものの存在が含意されない不特定読みと，その存在が含意される特定読みの二通りに解釈される．また，普遍数量詞には，every/each ~ 句のように，普遍量化子∀で表される「分配読み」を表すものの他に，all ~ 句のように，個体の集合全体が述語の特性を表している「集合読み」を表すものとがある．

・代名詞が John のようなある特定のものを指し示す名詞句を先行詞に取る場合には，「共指示」の関係にあるが，数量詞を先行詞に取る場合には，束縛変項の働きをしている．さらに，一見すると共指示の関係にあるように見える代名詞でも，束縛変項の働きをする場合があることが，only ~ 句を先行詞に取る場合と動詞句削除構文の場合に，いわゆる「自分読み」が可能なことから証拠付けられる．一方，再帰代名詞や発音されない代名詞 PRO は，この二つのケースで，「自分読み」のみ可能なことから，束縛変項の働きをしていると考えられる．

相互代名詞は，その中に each を含むことから，その先行詞との関係は普遍量化子∀を用いて表され，また other の作用によって，先行詞と代名詞が占める項の意味値はお互いに異なっていることを表す．したがって，The men know each other は，$\forall x \forall y[(x, y \in \mathrm{M}, x \neq y) \rightarrow \mathrm{know}(x, y)]$ のように表される．each によってある集合のメンバーが分配される仕方は，each of ~ の表現よりもゆるやかで，「分割」によって構成された部分集合が分配される要素と成り得る．

・「信念文脈」が形成する不透明性では，存在数量詞が特定読みと不特定読みのあいまい性を生み出すのみならず，Ralph believes that Ortcutt is a spy の文における Ortcutt の人物の同定が，ラルフによって行われる不透明読みならず，話者によって行われる透明読みを生み出す．さらに，一見すると矛盾文のように思われる Charlie believes that the dead man is alive のような文が，必ずしも矛盾文と判断されないのは，the dead man の透明読みが可能なためである．

第 4 章

情報構造

本章では，文のアクセントの置かれ方によって，どのような意味の違いが出てくるのかを考察する．この考察に際して重要な意味的概念は，「前提」(presupposition) と「焦点」(focus) である．文のある部分にアクセントを置くことによって，話し手はその文のどの部分を前提として，どの部分に焦点を当てているのかを聞き手に意思表示している．本章では，そのような前提と焦点に基づいた「情報構造」がどのようなメカニズムによって決定されるのかを見ていく．

1. 焦点と前提

話し手は，特段何の前提もなく，聞き手に話しかけることは，日常の会話でよくあることであるが，それと共に，自分が発する文のある部分は聞き手にも既知のこととして前提とした上で，残りの部分に焦点を当てて文を発することもよくある．その典型的な例が，wh 疑問文とそれに対する応答文のやり取りである．以下の例を考察してみよう．

(1) a. Who killed the duck?

b. JOHN killed the duck.

(2) a. What did John do to the duck?

b. John KILLED the duck.

(3) a. Which bird did John kill?/What did John kill?

b. John killed the DUCK. （ディロン（1977/1984: 190））

(1b) では John にアクセントが置かれている．これは，この文が (1a) の疑問文に対する答えなので，この文の killed the duck はすでに話し手にとっても聞き手にとっても前提とされている部分なのに対して，John がこの文の焦点になっていて，話し手はまさにこの部分を (1a) の答えとして主張していると言える．この前提と焦点に関する情報を，Jackendoff (1972) にならって，以下のように表記する．

(4) a. 前提：λx[kill (x, the duck)]

b. 主張：John $\in \lambda x$[kill (x, the duck)]

(4a) の前提部分において，kill の外項である動作主が x で表され，それが λ という量化子によって束縛されているが，これは，x の意味値が未決定であることを表している．(4b) の主張部分においては，この未決定であった x の値には少なくとも John が当てはまることを表している．

【問題 1】 (4) にならって，(2b) と (3b) の情報構造を表記せよ．述語の変項は P を用いよ．

以上のことから，ある文のアクセントを置かれた語や句が焦点を成し，それ以外の部分がその文の前提を成すことが理解できると思う．しかしながら，この単純な対応関係は，必ずしも成り立つわけではない．(3b) の the duck にアクセントが置かれた場合は，以下の例が示す通り，その部分に焦点がある場合に限らない．

(5) a. What did John do?
b. John killed the DUCK.

(6) a. What happened?
b. John killed the DUCK.

(5b) は，(5a) に対する答えであることから，kill the duck が焦点になっているはずであるが，(5b) では，この部分全体にアクセントがあるのではなく，(the) duck のみにアクセントが置かれている．また，(6b) は，(6a) に対する答えであることから，John kill the duck 全体が焦点になっているはずであるが，この文でも，(the) duck のみにアクセントが置かれている．これには，以下に述べられた**「中核強勢規則」**(**Nuclear Stress Rule**) と呼ばれる音韻規則が関わっている．

(7) ある句 α に焦点が置かれる場合，α の最も右側の語に強勢を付与せよ．

この規則が John killed the duck のような文に対してどのように適用するのかを説明するためには，この文の統語構造を考察する必要がある．この文は以下のような構造を持つ（この構造内の Det は Determiner「限定詞」の略で，この範疇には典型的に冠詞が含まれる）．

(8)
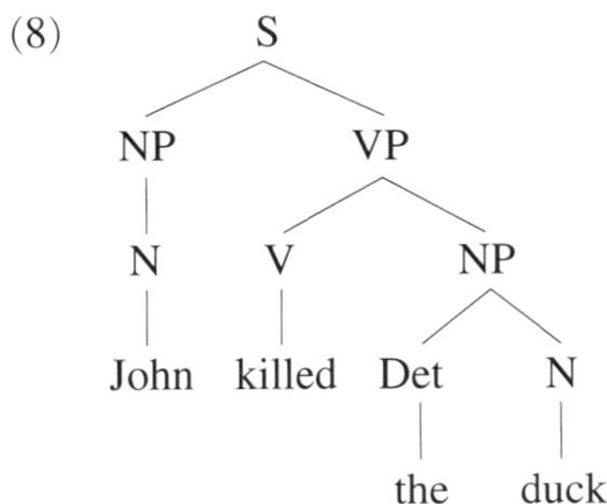

この構造において，duck に（7）の中核強勢規則によって強勢（アクセント）が置かれるのは，NP か VP か S が焦点となっている場合である．というのは，NP に焦点が置かれれば，その句の最も右側の語は duck であり，VP そして S の場合も同様に，それらの句の最も右側の語は duck だからである．この中核強勢規則によって，なぜ（3b），（5b），（6b）すべての場合に duck に強勢が置かれるのかがわかる．というのは，（3b）が目的語 NP が焦点になっているケースで，（5b）が VP，そして（6b）が S が焦点になっているケースだからである．

【問題 2】 以下の文では，どこに焦点が置かれているのかを，（7）の中核強勢規則を用いて説明せよ．

（9） a.　John gave the book to BILL.
　　　b.　John gave the BOOK to Bill.

文の焦点がどの部分に置かれているのかを構文として明示したものが，生成文法の分野で，**「分裂文」**（**cleft sentence**）や**「擬似分裂文」**（**psedo-cleft sentence**）と呼ばれているものである．

（10） a.　It was the DUCK that John killed.
　　　 b.　What John killed was the DUCK.

（10a）が分裂文の例，そして（10b）が擬似分裂文の例で，どちらも John killed the duck の the duck を焦点化している．ディロンが指摘するように，これらの構文を使うと，通常の文に生じたあいまい性を取り除くことができる．上で，John killed the DUCK は，中核強勢規則により，その焦点が NP の the duck なのか，VP の killed the duck なのか，はたまた文全体なのかであいまいであることを述べたが，（10a, b）の構文を用いれば，the duck が焦点になっていることを明示できる．以下の擬似分裂文は VP が焦点化されていることを明示している.

(11)　What John did was kill the DUCK.

中核強勢規則により，この擬似分裂文でも実際に強勢が置かれるのは duck であるが，この構文の性質上，焦点になっているのは VP である kill the duck である.

2.　Yes-No 疑問文における焦点と前提

Chomsky (1970/1972) は，yes-no 疑問文とそれに対する応答文との関係を焦点と前提の観点から考察している. 以下の文は，分裂文が yes-no 疑問文になったものである.

(12)　Is it JOHN who writes poetry?
　　(詩を書くのはジョンですか)　(Chomsky (1970/1972: 89))

これに対して,「ジョンが詩を書く」ことが真であれば，聞き手はイエスと答えるであろう. 問題は，この命題が偽の場合，どのような答えが想定されるであろうか. 最も自然な答えは，(13a) のようなものであって，(13b) のような答えは適切なものとは言えない.

(13) a.　No, it is BILL who writes poetry.
　　(いいえ，詩を書くのはビルです)
　b. #No, John writes only short STORIES.
　　(いいえ，ジョンは短編小説だけを書きます)
　　(Chomsky (1970/1972: 89–90))

この違いは，応答文がそれに対応する yes-no 疑問文と前提を共有しているかどうかによる. (13a) は (12) と λx[write (x, poetry)] を前提として共有し，(13a) が否定しているのは，(12) の疑問文の焦点の部分であることがわかる．これに対して，(13b) では，λx[write (John, x)] が前提となっており，(12) と前提を共有していない．このことから，yes-no 疑問文とそれに対応する応答文では前提が共有されなければならないことがわかる．その理由は，以下の Jackendoff (1972) の焦点と前提の定義から理解できるであろう．

(14) we will use "focus of a sentence" to denote the information in the sentence that is assumed by the speaker not to be shared by him and the hearer, and "presupposition of a sentence" to denote the information in the sentence that is assumed by the speaker to be shared by him and the hearer.

(Jackendoff (1972: 230))

(我々は，「文の焦点」を，文の中で話し手が話し手と聞き手によって共有されてはいないと想定する情報を示すのに用い，「文の前提」を，文の中で話し手が話し手と聞き手によって共有されていると想定する情報を示すのに用いる．)

この定義によれば，話し手が (12) の yes-no 疑問文を発するとき，λx[write (x, poetry)] が前提として話し手と聞き手によって共有されているものと想定し，話し手が聞き手に尋ねているのは，「詩を書くのはジョンなのかどうか」ということである．そうすると，前提を共有している (13a) はこの疑問文に的確に答えていることになるが，(13b) では，(12) の話し手が話し手と聞き手によって共有されていたと想定していたものを覆しているので，的確な答えとはみなされない．

【問題 3】 以下の (15) の yes-no 疑問文に対して，(16a) は的確な応答文であるが，(16b) はそうではない．その理由を明らかにせよ．

（15）　Was it DICKENS who wrote *Moby Dick*?

（16）a.　No, it was MELVILLE.

　　　b.　#No, it was DAVID COPPERFIELD.　　（Chomsky（1980: 63））

「前提は話し手と聞き手によって共有されなければならない」という規約は，通常の分裂文ではない yes-no 疑問文とその応答文との間にも当てはまる．以下の二文を比較してみよう．

（17）a.　Did John give the book to BILL?

　　　b.　Did John give Bill the BOOK?　　（Chomsky（1970/1972: 96））

この二つの文は，述語と項の関係からすれば同じ意味を表していると言えるが，情報構造においては異なっている．（17a）では，Bill に強勢が置かれているので，この句もしくは to Bill が焦点と解されるのに対して，（17b）では book に強勢が置かれているので，the book が焦点と解される．したがって，（17a）の答えとして，その焦点を否定する（18a）は的確な答えであるが，前提部分内の the book を否定する（18b）は的確な答えとはならない．（17b）の場合は，それとは逆に，（18b）のみが的確な答えとなる．

（18）a.　No, to someone ELSE.

　　　b.　No, something ELSE.

前節で中核強勢規則について説明した通り，文の最も右側に強勢が置かれている場合は，それを含み込む動詞句 VP や文全体が焦点になり得る．したがって，例えば，以下の応答文は，（17a, b）両方にとって的確である．

（19）　No, he kept it.

この答えは，（17a, b）の動詞句 give the book to Bill と give Bill the book をこれらの文の焦点と解して，この焦点部分を「与えたのではなく，取っておいた」と否定したものなので，的確な答えとみなされる．

【問題 4】 以下の yes-no 疑問文に対して，的確な応答文は，(18)-(19) のいずれの文であるか明らかにし，その理由を述べよ．

(20) Did John give the BOOK to Bill?

Chomsky (1970/1972) からもう一つ例を取る．

(21) a. Did the Red Sox beat the YANKEES?
b. Were the Yankees beaten by the RED SOX?
(Chomsky (1970/1972: 95))

この二つの文も，能動文とそれに対応する受動文の関係にあることから，述語と項の関係からすれば同じ意味を表していると言えるが，情報構造においては異なっている．

【問題 5】 (21a, b) の yes-no 疑問文に対する応答文として，(22) は的確であるが，その意味するところが異なっている．その意味の違いを明らかにした上で，その理由を述べよ．

(22) No, the TIGERS.

話を分裂文に戻すと，上で，分裂文は何が焦点になっているのかを明示的に示すものであると述べたが，この構文において焦点化された句（すなわち it と that に挟まれた句）それ自体が必ずしも焦点と解されるわけではない．チョムスキーは以下の文を考察している．

(23) a. Was it [an ex-convict with a red SHIRT] that he was warned to look out for?

b. Was it [a red-shirted EX-CONVICT] that he was warned to look out for?

c. Was it [an ex-convict with a shirt that is RED] that he was warned to look out for? (Chomsky (1970/1972: 95))

これら三つの文は，ほぼ同じ意味を持つ yes-no 疑問文であり，さらに，look out for の目的語が焦点化されている点でも共通している．したがって，以下の応答文はいずれの疑問文に対しても的確な答えである（この応答文において，salesman ではなく automobille に強勢が置かれているのは，automobille salesman が複合語を成すためである）．

(24) No, he was warned to look out for an AUTOMOBILE salesman.

チョムスキーは，さらに，これらの文の焦点化された句は，聞き手によって，それ自身焦点として解される必要はなく，その焦点化された句内のある部分が実際に焦点として取り上げられる場合があることを指摘する．以下の（25a, b, c）の文はそれぞれ（23a, b, c）の疑問文に対する的確な応答文である．

(25) a. No, he was warned to look out for an ex-convict with a red TIE.

b. No, he was warned to look out for a red-shirted AUTOMOBILE salesman.

c. No, he was warned to look out for an ex-convict with a shirt that is GREEN.

(25a) では，(23a) の shirt のみを焦点と解し，その焦点を否定しており，(25b) では (23b) の ex-convict を，そして (25c) では (23c) の red を焦点と解し，それらの焦点を否定している．興味深いことに，この分裂文の焦点化された句内のどの部分を焦点と解することができるかは，中核強勢規則に従う．したがって，(23a) においては，shirt それ自身，もしくはこの語を最も右側の要素として含み込むすべての句，すなわち，以下の四つの語句が焦点とみなしうることになる．

(26) a. shirt
b. a red shirt
c. with a red shirt
d. an ex-convict with a red shirt

(26a) の shirt のみを焦点と解した場合の応答文の例が，(25a) であり，(26d) の焦点化された句全体を焦点と解した場合の応答文の例が，(24) である．(26b, c) を焦点と解した場合の応答文の例は以下の通りである．

(27) a. No, he was warned to look out for an ex-convict with a CARNATION.
b. No, he was warned to look out for an ex-convict wearing DUNGAREES.

このように，分裂文においても，その焦点化された句のどの部分を実際に焦点と解することができるかは，中核強勢規則に従い，強勢を置かれた語自身，もしくはこの語を最も右側の要素として含み込むすべての句ということになる．

3. 否定文における焦点と前提

第 3 章 2 節で否定の解説をした際に，否定文は，ある肯定命題が偽であることを表しているが，どの部分が偽となっているかは，その部分に強勢を置くことによって明らかにすることができることを述べた．例えば，

以下の例において，

(28) a.　JOHN didn't kiss Mary.
　　b.　John didn't kiss MARY.

(28a) のように John に強勢が置かれると「メアリーにキスしたのはジョンではなかった」という意味になり，(28b) のように Mary に強勢が置かれると「ジョンがキスしたのはメアリーではなかった」という意味になる．このことから，否定辞は焦点と結びつくことによって，どの部分が否定されているのかを明示することができると言うことができる．

このように否定辞と焦点が密接な関係にあるとすれば，(28b) のように強勢が文の最も右側に置かれた場合，この文は，どの部分が否定されているかに関してあいまいになるはずである．というのは，この文ではどの部分が焦点になっているかあいまいだからである．ジャッケンドフは，この予測が正しいことを以下の例文を用いて立証している．

(29)　Maxwell didn't kill the judge with a silver HAMMER.

(Jackendoff (1972: 254))

ジャッケンドフによれば，この文は，以下のように，(擬似) 分裂文を使って三通りに言い換えが可能である．

(30) a.　It wasn't with a silver hammer that Maxwell killed the judge.
　　b. (*) Kill the judge with a silver hammer isn't what Maxwell did.
　　c.　It's not the case that Maxwell killed the judge with a silver hammer.

(30a) は (29) の前置詞句 with a silver hammer が焦点になっている場合の言い換えであり，(30b) は動詞句 kill the judge with a silver hammer

が焦点になっている場合の言い換えである．(30c) は文全体が焦点になっている場合の言い換えで，これは，「マックスウェルは銀のハンマーで裁判官を殺した」という肯定命題が単に偽であることを表している．

【問題 6】 以下の文がどのように解釈されるのか，明らかにせよ．

(31) Maxwell didn't kill the JUDGE with a silver hammer.

これまでの説明では，否定辞が焦点と結びつくことによって，焦点の部分が否定されることを見てきた．例えば，(28a) の情報構造は以下のようになる．

(32) a. 前提：λx[kiss (x, Mary)]
　　b. 主張：~[John $\in \lambda x$[kiss (x, Mary)]]

この情報構造において，否定辞 ~ は「主張」に含まれ，「誰かがメアリーにキスした」という前提に対して，その人はジョンではなかったと主張していることを表している．ジャッケンドフは，この否定辞と焦点の結びつきは，必ずしも必然的ではないことを，以下の文を用いて説明している．

(33) Karl doesn't write radical pamphlets in the BATHROOM.
(Jackendoff (1972: 256))

この文は，上で見てきた通り，否定辞 not と焦点が結びつく読み以外に，そのような結びつきのない読み，すなわち，not が前提の中に含まれる読みを持つ．

【問題 7】 (33) の文のあいまい性を，(32) のように情報構造を用いて表した上で，実際にどのように意味が異なっているのか説明せよ．

4.　焦点と結びつく小辞

前節で，否定辞 not が焦点と結びついて，焦点部分が否定の対象になることを述べた．焦点と結びつく他の例として，even や only や just などの小辞をあげることができる．even を例に取って，以下のジャッケンドフの例を考察する．

(34) a.　Even John gave his daughter a new bicycle.
　　 b.　John gave even his daughter a new bicycle.
　　 c.　John gave his daughter even a new bicycle.
　　 d.　John even gave his daughter a new bicycle.
(Jackendoff (1972: 248))

(34a–c) では，even はそのすぐ後ろの名詞句を修飾している．例えば，(34a) では，even は John を修飾しているが，この意味するところは「自分の娘に新しい自転車をあげた人が誰かもしくは複数いるが，ジョンさえも自分の娘に新しい自転車をあげた」ということである．(34b, c) でも，even はそのすぐ後ろの名詞句 ((34b) では his daughter, (34c) では a new bicyle) を修飾し，同様の仕方で解釈される．この「〜さえも」という解釈の性質上，even によって修飾される句に焦点があると考えるのは自然なことである．実際，以下のように，通常，それらの句に強勢が置かれる．

(35) a.　Even JOHN gave his daughter a new bicycle.
　　 b.　John gave even his DAUGHTER a new bicycle.
　　 c.　John gave his daughter even a new BICYCLE.

(35b, c) では，中核強勢規則により，焦点の置かれた句の最も右側の語に強勢が置かれている．このように，even は焦点と必然的に結びついていると考えることができるが，(34d) のように even が助動詞 Aux のあたりに生起する場合，あいまい性が生じる．この場合，even が文のどの部分を修飾するかは，どの部分に強勢が置かれているのかによる．以下の文を考察する．

(36) a. JOHN even gave his daughter a new bicycle.
  b. John even gave his DAUGHTER a new bicycle.
  c. John even gave HIS daughter a new bicycle.
  d. John even gave his daughter a NEW bicycle.
  e. John even gave his daughter a new BICYCLE.
  f. John even GAVE his daughter a new bicycle.

(Jackendoff (1972: 248))

(36a, c, d, f) では，even がどの部分を修飾しているかに関しては，一目瞭然である．すなわち，even は強勢の置かれた語を修飾している．(36a) の解釈は，(35a) と同様である．(36c) では，even は his のみを修飾しているので，その意味するところは「ジョンは誰かの娘に新しい自転車をあげたが，自分の娘さえにも新しい自転車をあげた」のようになる．

【問題 8】 同じ要領で，(36d, f) がどのように解釈されるのか説明せよ．

(36b, e) の場合は，あいまい性が生じる．(36b) では，even が his daughter を修飾している解釈と共に，daughter のみを修飾している解釈も可能である．前者の解釈では，「ジョンは誰かもしくは複数の人に新しい自転車をあげたが，自分の娘さえにも新しい自転車をあげた」と解釈される．これに対して，後者の解釈では，「ジョンは自分の身内の誰かもしくは複数の人に新しい自転車をあげたが，娘さえにも新しい自転車をあげた」のように解釈される．このあいまい性は，(36b) においてどの部分が焦点の機能を担っているかに関するあいまい性から生じる．すなわち，

daughter に強勢が置かれることによって，daughter 自身を焦点と解することもできるし，この語を最も右側に含み込む句，すなわち his daughter という名詞句も焦点と解することができるためである．ちなみに，このようなあいまい性は，even が直接名詞句の前に生起した場合にも当てはまる．したがって，(35b) は，(36b) と同様，二通りに解釈される．また，(35c) においても，even は bicycle のみを修飾するのか，もしくは a new bicyle 全体を修飾するのかによって，二通りに解釈される．(35b, c) のこのようなあいまい性は，強勢が別の位置に置かれることによって，消失する．

(37) a. John gave even HIS daughter a new bicycle.
　　 b. John gave his daughter even a NEW bicycle.

(37a) では，(36c) と同様，even が his を修飾する解釈のみが可能であり，(37b) では，(36d) と同様，even が new を修飾する解釈のみが可能である．

【問題 9】 (36e) が何通りに解釈可能か説明せよ．

以上見てきたように，even は焦点と必然的に結びつくが，その結びつき方に関し，even とそれが修飾する焦点部分には，ある構造上の条件が働いていることがうかがえると思う．というのは，(34a–c) のように，even が名詞句の前に置かれている場合には，それが修飾する焦点部分はこの名詞句内に限られるのに対して，(34d) のように even が文の助動詞のあたりに置かれた場合には，(36) で観察した通り，基本的には文のどの焦点部分であっても修飾可能だからである．第2章5.1節で，副詞が構造上のどの部分を修飾できるのかに関し，以下のように定式化したことを思い起こしてほしい．

(38)　副詞は，それと姉妹関係にあり隣接しているか，もしくは母娘関係にある範疇を修飾する．

これにならって，even の場合は，以下のように定式化できる．

(39)　even は，それと姉妹関係にあり隣接しているか，もしくは母娘関係にある範疇内の焦点部分を修飾する．

第 2 章 5.1 節で用いた統語構造を参考にすれば，(34a–c) のように，even が名詞句の前に置かれている場合には，以下の構造を仮定することができる．

(40)
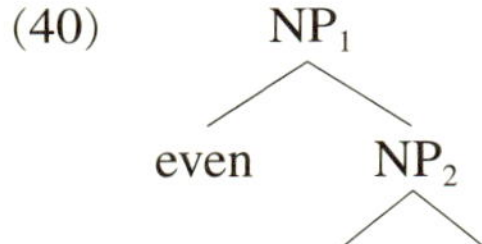

(39) に従えば，この構造において，even は「それと姉妹関係にあり隣接する」NP_2 の範疇内にある焦点部分を修飾できるはずであるが，これが正しいことは (35) と (37) で見た通りである．また，(34d) のように even が文の助動詞のあたりに置かれた場合には，以下の構造を仮定することができる．

(41)
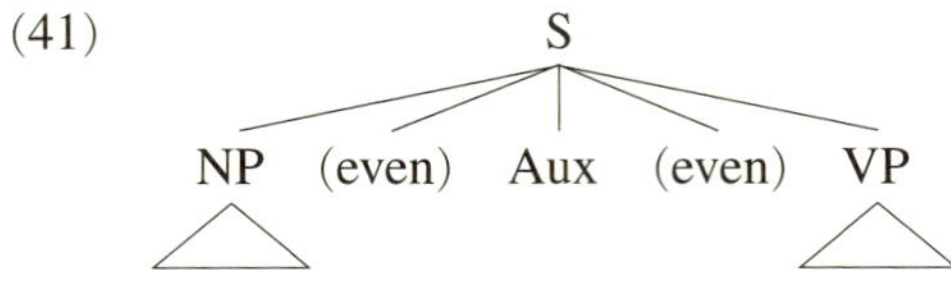

この構造において，even が助動詞 Aux の前後に置かれ，かっこが付されているのは，even が Aux の前か後ろのどちらかに生起することを表している．この構造を与えられれば，(39) により，even は「それと母娘関係にある」S の範疇内にある焦点部分を修飾できるはずであるが，これは，まさに (36) で見た通りである．even が実際に Aux の前後に生起できる

ことは，以下の例によって示される．

(42)　JOHN (even) will (even) have given his daughter a new bicycle.　(Jackendoff (1972: 251))

この例は，even が助動詞 will の前または後ろに生起しても，主語 NP の John を修飾できることを示している．これは，(41) の構造が示す通り，even がどちらの位置に生起しようとも，S と母娘関係にあり，したがって S 内にある主語 NP の John を修飾できるからである．

【問題 10】 以下の文において，なぜ (43a) は変則的であるのに対して，(43b) は容認可能な文なのか説明せよ．

(43) a. #JOHN will have even given his daughter a new bicycle.
　　b. John will have even given his DAUGHTER a new bicycle.
(Jackendoff (1972: 251))

これまで even について述べてきたことは，基本的に only や just についても当てはまる．ここでは，その説明は省略するが，読者にあっては上で見てきた even を含む文を only や just に置き換えて，おさらいしてみてほしい．ただ一点だけ，only と just が even と異なる点がある．それは，この二つの小辞の場合は，even とは異なり，Aux のあたりに生起した場合，以下に示す通り，主語 NP を修飾できないことである．

(44) *JOHN only/just gave his daughter a new bicycle.
(Jackendoff (1972: 250))

なぜこのような違いが生じるのかを考察するのは興味深いことであるが，ここでは，事実の指摘に止めておく．

5.　叙実的述語と前提

「前提」は，通常，上で見てきた通り，「焦点」と対を成す概念として用いられるが，その他にも，言語の意味的特徴を表すのによく用いられる概念である．本節では，あるタイプの述語が，その項として取る従属節の命題が真として前提とされる特性を示すことを見ていく．Jackendoff (1972) はこの意味での前提を「(語彙) 固有前提」(inherent presupposition) と呼んでいる．

Kiparsky and Kiparsky (1970) は，このような従属節の命題が真として前提とされる項を取る述語を**「叙実的述語」(factive predicate)** と呼び，その意味的・統語的特徴を詳細に議論している．以下の (45) と (46) のそれぞれの対となっている文では，主節の述語が異なるだけで，他の部分は全く同じ語が用いられている．

(45) a. It is odd that it is raining.
　　 b. It is likely that it is raining.
(46) a. I regret that it is raining.
　　 b. I suppose that it is raining.
(Kiparsky and Kiparsky (1970: 147))

この類似性にもかかわらず，(45a) と (46a) では，that 節で表された命題が話者によって真として前提とされているのに対して，(45b) と (46b) では，that 節で表された命題は真として前提とされているわけではない．したがって，(45a) は，「雨が降っているなんて奇妙だ」という意味で，「雨が降っている」という命題が前提とされている．これに対して，(45b) は，「雨が降りそうだ」という意味で，「雨が降っている」という命題が前提とされてはいない．(46a, b) にも「雨が降っている」という命題が前提とされているかいないかで違いがある．この考察から，odd と regret が叙実的述語であることがわかる．この従属節の命題が真であると前提されるという特性は，主節が否定文に変わっても依然として成り立つ．

(47) a. It is not odd that it is raining.
　　b. I don't regret that it is raining.

これらの否定文においても，依然として「雨が降っている」という命題は話者によって真として前提とされている．

Kiparsky and Kiparsky (1970) は，「命題を真として前提とする」ことと「命題を真として主張する」こととは明確に区別されるべきであることを強調している．以下の文において，true は叙実的述語であろうか．

(48) It is true that John is ill.　(Kiparsky and Kiparsky (1970: 147))

答えは否である．というのは，この文中の true は that 節で表された命題を話者が真として前提しているのではなく，真であることを主張しているからである．その証拠として，この文を以下のように否定文に変えると，that 節の命題はもはやいかなる意味でも真ではあり得ず，もっと言えば，話者はその命題が偽であることを主張している．

(49) It is not true that John is ill.

このように見てくると，叙実的述語とは，従属節で表された命題を話者が真として前提とした上で，この命題に対して，この述語が表す意味内容を主張しているとみなすことができる．

know や realize も叙実的述語に属する．

(50) a. Bill knows/realizes that eating tennis balls makes you sick.
　　b. Bill doesn't know/realize that eating tennis balls makes you sick.　(Jackendoff (1972: 276))

これらの文から明らかなように，that 節で表された「テニスボールを食べると具合が悪くなる」という命題は，肯定文（50a）でも否定文（50b）でも依然として真であることが話者によって前提とされている．Kiparsky and Kiparsky（1970）は，このような「自覚」を意味するタイプの叙実的述語では，主節主語が一人称の場合，前提と主張が衝突して，変則的になる場合があることを指摘する．

（51） a. #I don't realize that he has gone away.
（彼がいなくなってしまったことに私は気づいていない）
b. #I have no inkling that a surprise is in store for me.
（私はある驚きが私にやってくることを全然わかっていない）
（Kiparsky and Kiparsky（1970: 148））

【問題 11】（51）の文がなぜ変則的か説明せよ．

最後に，叙実的述語が取る従属節の構造上の特性を一つ指摘しておく．叙実的述語は，真として前提とされる命題を表す節として，that 節以外に動名詞句を一般的によく選択することがあげられる．

（52） a. Everyone ignored Joan's being completely drunk.
b. I regret having agreed to the proposal.
c. I don't mind your saying so.
（Kiparsky and Kiparsky（1970: 146））

これらの文では，動名詞によって表された命題「ジョーンが完全に酔っ払ったこと」(52a)，「その提案に同意したこと」(52b)，「あなたがそう言ったこと」(52c) が前提とされている．これに対して，非叙実的述語は，that 節以外に to 不定詞句を選択するのが一般的である．

（53） a. I believe Mary to have been the one who did it.
b. He fancies himself to be an expert in pottery.

c. I supposed there to have been a mistake somewhere. (ibid.)

述語によっては，その従属節に動名詞句を選択するのか，それとも to 不定詞句を選択するのかによって，叙実的述語として働いたり，そうでなかったりするものが存在する．

【問題 12】 以下のそれぞれの組の文の意味の違いを説明せよ．

(54) a. They reported the enemy to have suffered a decisive defeat.
　　b. They reported the enemy's having suffered a decisive defeat.

(55) a. I remembered him to be bald (so I was surprised to see him with long hair).
　　b. I remembered his being bald (so I brought along a wig and disguised him). (Kiparsky and Kiparsky (1970: 164))

6. 確定記述と前提

言語表現には，その形式上の特性から，ある特定のものを指し示す機能を担った表現がある．例えば，フレーゲ以来言語哲学では有名な the morning star と the evening star を考察すると，これらの表現は，指し示す対象となるものの性質を言い表す部分とそれが唯一であることを印づける定冠詞 the から成り立っている．the morning star は「朝に現れるある特定の星」，すなわち「明けの明星」を指し示し，the evening star は「夕方に現れるある特定の星」，すなわち「宵の明星」を指し示す．このような言語表現を**「確定記述」(definite description)** と呼ぶ．この確定記述の興味深い意味的特性は，それが the によってある特定のものを指し示すことが言語使用者によって前提とされているものの，それが現実界において何を指し示すかは，ある意味でこの確定記述が指し示すものとは独立したものであるということである．the morning star と the evening star の例で言えば，これらの確定記述はそれぞれある特定の星を指し示すことが意図されているが，現実界においては，この二つの星は同じ金星を指し示している．また，Russell（1905）から例を取ると，the center of mass of the solar system という確定記述は，「太陽系の重心」を指し示しているが，通常，言語使用者は，この表現によって，そのようなある特定の重心がある特定の時点において現実界に存在することを想定してはいるものの，具体的にそれがどこに存するかを知らずに用いる．

このような確定記述の意味特性がもたらす興味深い問題の一つとして，Russell（1905）は，the King of France のような，言語表現上はある特定のものを指し示すことが意図されているが，現実界にはそのようなものが存在しないケースを取り上げている．ラッセルは，そのような表現を，現実界に対応物がないことから単にナンセンスとみなすのではなく，そのような表現を含む文が偽であると主張する．したがって，例えば，以下の文は，フランスに国王は存在しないので，偽であるとみなされる．

(56) The King of France is bald.
（フランス国王は禿げである）

ラッセルは，the のついた定表現を，存在量化子に唯一性（uniqueness）の条件を付け加えたものとして表す．したがって，(56) の文は，以下のように意味表記できる．

(57) $\exists x$[King of France (x) & $\forall y$[King of France (y) → $y = x$] & bald (x)]

この文の中の $\forall y$[King of France (y) → $y = x$] の部分がフランス国王がただ一人存在することを表している．したがって，この文が言い表しているのは「ある x が存在し，x はフランスの国王で x 以外にフランス国王は存在せず，x は禿げである」ということである．ラッセルは (56) を (57) のように解釈した上で，この文を偽であると主張する．その一つの証拠として，ラッセルは (56) の否定文を取り上げている．

(58) The King of France is not bald.
（フランス国王は禿げではない）

ラッセルは，the King of France が否定のスコープ内に入るか入らないかで二通りに解釈可能であると主張する．この二つの解釈は，以下のように意味表記できる．

(59) a. $\exists x$[King of France (x) & $\forall y$[King of France (y) → $y = x$] & ~bald (x)]
b. ~[$\exists x$[King of France (x) & $\forall y$[King of France (y) → $y = x$] & bald (x)]]

(59a) で否定されているのは，単に「禿げである」という部分であり，したがって，この解釈では，依然として「唯一フランス国王である x が存在する」と主張されているので，(58) は，この解釈においては偽とみなされる．これに対して，(59b) では，否定の作用域が命題全体に及んでいるので，これが表しているのは，「唯一フランスの国王で，禿げであるような x が存在する，ということはない」ということになるので，(58) は，この解釈においては，真とみなされる．

このラッセルの説明に対して，Strawson (1950) が異を唱えている．その反論の要点は，以下の引用に集約される．

(60) we cannot talk of *the sentence* being true or false, but only of its being used to make a true or false assertion, … the *expression* (B1) cannot be said to mention, or refer to, anything, any more than the *sentence* can be said to be true or false. …

> "Mentioning", or "referring", is not something an expression does; it is something that some one can use an expression to do. (Strawson (1950: 326))
>
> (我々は「その文」(＝(56) のような文) が真であるとか偽であるとか語ることはできず，単にその文が真なる主張もしくは偽なる主張をするために用いられているかを語ることができるのみである．…「その表現 (B1)」(＝the King of France のような表現) は，ちょうど「その文」が真であるとか偽であるとか言うことができないのと同様，何かを言い表しているとか指し示していると言うことはできない．…「言い表すこと」や「指し示すこと」は，ある表現がすることではない．それは，人がある表現を用いてすることである.)

(56) のような文は，当然のことながら，それがいつ，どのような状況で，誰によって発話されたのかといった「文の使用」を考慮することなしには，その真偽を定めることはできない．ストローソンは，The King of France is wise という文を用いて，この文がルイ 14 世の治世下に生きたある男によって発話されたのであれば，真の主張であろうし，もしルイ 15 世の治世下に生きたある男によって発話されたのであれば，偽の主張であったかも知れない，と説く．同様に，the King of France のような確定記述も，それが何を指し示すかは，この表現自体によって決まるのではなく，その表現を用いる人が，ある特定の人物を指し示す意図を持って用いるのである．その特定の人物は，ルイ 14 世かも知れないし，ルイ 15 世かも知れないし，別の時代であれば，別のフランス国王かも知れないが，とにかく話者はそのような意図を持って，the King of France のような確定記述を用いるのである．この考察から，ストローソンが (56) のような文について結論付けるのは，the King of France が，ラッセルが主張するように，唯一性を伴った存在文を構成するのではなく，正真正銘の主語–述語文の主語を構成し，話者は，ある特定の人物を指し示すものとして用いているということである．したがって，ストローソンは以下のように主張する．

(61)　if a man seriously uttered the sentence, his uttering it would in some sense be *evidence* that he *believed* that there was a king of France. (Strawson (1950: 330))
（もしある男がこの文を真面目に発話したのであれば，彼がこの文を発話するということは，ある意味で，彼がフランス国王が存在すると信じている証拠を成すであろう．）

このことから，ストローソンは (56) のような文は，真なる主張の文でもなければ，偽なる主張の文でもなく，単に**「前提の欠落」(presupposition failure)** した文であると結論付ける．その証拠として，ストローソンは，(56) のような文が発せられたのを聞いた人は，話者に対して，「あなたのおっしゃったことは間違っている」と答えるのではなく，「フランス国王は存在しませんよ」と答えるだろうと述べている．このストローソンの説明によれば，(56) に対応する否定文である (58) は，ラッセルが主張するように，否定のスコープによって真なる文とみなされることはなく，依然として前提の欠落した文でしかないことになる．

読者は一体どちらの意見を支持するであろうか．以下では，私見を述べてみたい．確定記述が明らかな指示対象を持たない (56) のような文が，偽の文とみなされるべきなのか，それとも前提が欠落した文とみなされるべきであるかについては，もう一つ別の要因を考慮する必要があるように思われる．本章 2 節で，分裂文の yes-no 疑問文に対する適切な答え方として，尋ねられている内容が偽の場合，その文の焦点になっているものを否定するのは適切であるが，前提部分を否定するのは，変則的になることを述べたことを思い起こしてほしい．例えば，以下の疑問文に対して，

(62) Is it JOHN who writes poetry?

(詩を書くのはジョンですか)

(63a) は適切な応答文であるが，(63b) のような応答文は適切なものではないことを述べた．

(63) a. No, it is BILL who writes poetry.

(いいえ，詩を書くのはビルです)

b. #No, John writes only short STORIES.

(いいえ，ジョンは短編小説だけを書きます)

本節で用いられた言葉を用いれば，(63a) は (62) が表す命題が偽であることを正しく指摘しているのに対して，(63b) は，前提が欠落した応答文と言えるであろう．さて，ラッセルは確定記述を存在量化子とそれに適用する唯一性を用いて捉え，例えば，(56) の文は以下のように表された．

(64) $\exists x$[King of France (x) & $\forall y$[King of France (y) $\rightarrow$ $y=x$] & bald (x)] (=(57))

この意味表記では，存在量化子によって束縛された x に関する命題が並行的に三つ並んでいる．すなわち，「x がフランス国王であること」，「そのような x は唯一無二であること」そして「x が禿げであること」である．したがって，このように確定記述を特徴付けた場合，フランス国王なるものが存在しないとなれば，並置された三つの命題のうちの最初の命題が偽となり，よって命題全体が偽とみなされる．これに対して，ストローソンは，(56) のような文を，主語-述語文と捉え，主語で表されたあるものについて，述語で表されたこれこれしかじかの特性が当てはまるという意味関係が成り立っているものとみなしている．したがって，主語で表されたものが指示対象を持たない場合は，文自体意味を成さず，前提が欠落した文とみなされることになる．この場合，(62)-(63b) と並行的に言えば，確定記述で表された主語は真偽の対象ではなく，あくまで前提部分であって，真偽の対象となるのは述語で表された「禿げであるかどうか」ということである．

このラッセルとストローソンの（56）の文に対する扱いの違いは，Kuroda（1992）が日本語の「が」を伴った主語が表す文と「は」を伴った主語が表す文の意味的違いを説明する仕方を想起させる．以下の文は，意味的にどのような違いがあるであろうか．

（65）a.　ジョンが公園を散歩している．
　　　b.　ジョンは公園を散歩している．

形式的には，（65a）では，主語が主格を表す「が」を伴っているのに対して，（65b）では，主語が話題標識（topic marker）である「は」を伴っている．ちなみに，この違いは，英語には反映されず，（65a, b）共に以下のように翻訳される．

（66）　John is taking a walk in the park.

黒田は，この二つの文の違いを以下のように説明している．

（67）　[65a] expresses a simple recognition of the existence of an actual situation; [65b] expresses a cognitive act of attributing to a specific entity the function it has in the situation. In [65b] this specific entity is apprehended as the substance of which the property of fulfilling a particular role in the situation is predictated. (Kuroda (1992: 23))
（[65a] は，実際の状況が存在することをそのまま認識していることを表現している．[65b] は，ある特定のものに，それがその状況で担っている機能を帰すという認知行為を表現している．[65b] では，この特定のものが，その状況である特定の役割を果たすという特性が帰せられるものとして理解されている.)

この説明によれば,(65a)は,「ジョンが公園を散歩している」という状況をそのまま,写真に写すかのように,描写しているのに対して,(65b)には複合的な認識が関わっていて,まず,話題標識で表されたもの,すなわち「ジョン」が認識され,この人物に対して,「公園を散歩している」という特性が帰せられるという別の認識が伴っている.黒田は,Marty の用語を援用して,(65a)のような文に関わる認識の仕方を**「単一判断」**(**thetic judgment**)と呼び,(65b)のような文に関わる認識の仕方を**「断言的判断」**(**categorical judgment**)と呼んでいる.この二つの判断を考慮に入れると,ラッセルは(56)のような文を,「〜のような状況が存在する」という単一判断が関わる文とみなしたのに対して,ストローソンは,「〜について〜のような特性が成り立つ」という断言的判断とみなしたと理解するのは,当を得たものと思われる.

この推論が正しいとすると,(56)の文は,ストローソンが主張するように断言的判断が関わっているとみなすのが正しいことになる.というのは,この文を日本語に訳すと,「フランス国王」には話題標識の「は」が伴わなければならないからである.

(68) a. #フランス国王が禿げである.
　　 b.　フランス国王は禿げである.

(68a)は,「別の人ではなく,フランス国王が」ような焦点が当たった解釈では容認されるが,通常の単一判断の解釈では容認されない.しかしながら,この事実は,確定記述がストローソンが言うように特徴付けられなければならないことを必ずしも意味しないことに留意する必要がある.というのは,(68)において,「フランス国王」を「ジョン」に置き換えても同様の事実が得られるからである.

(69) a. #ジョンが禿げである.

b.　ジョンは禿げである．

これらの事実から，(68) や (69) が表す命題が断言的判断を要求するのは，「禿げである」という述語の意味的特性に帰せられると考えるのは自然なことである．実際，「禿げである」の他にも，「かしこい」とか「背が高い」とか，あるものの恒常的特性を表す述語の場合は，断言的判断が要求されることが知られている．したがって，このような制限のかからない述語を用いて，確定記述が関わる文の解釈を考察する必要がある．(65) に示した通り，「公園を散歩している」を述語に取る文では，単一判断と断言的判断の両方とも可能であることから，これらの文の「ジョン」を「フランス国王」で置き換えた文が，まさに考察すべき文である．

(70) a.　フランス国王が公園を散歩している．
　　 b.　フランス国王は公園を散歩している．

さて，問題は，現実界にフランス国王が存在しないことを念頭に置いた場合，これらの文はどのように理解されるであろうか．ラッセルの言うように偽と判断されるであろうか，それとも，ストローソンの言うように前提の欠落した文と判断されるであろうか．私見では，(70a) は，ラッセルの言うように，偽であると判断されるが，(70b) は，ストローソンが言うように，前提が欠落していると判断されるように思われる．この判断の違いは，(70a, b) に対応する否定文にも当てはまると思われる．

(71) a.　フランス国王が公園を散歩してはいない．
　　 b.　フランス国王は公園を散歩してはいない．

(71a) は，ラッセルが主張するように，二通りに解釈されるかどうか定かではないが，少なくとも，(71a) を (70) の否定命題として真とみなす判断が可能であると思われる．それに対して，(71b) は依然として前提が欠落した文と判断される．以上述べられたことが正しいとすれば，確定記述をどう捉えるのが正しいのかに関するラッセルとストローソンの論争は，結局，どちらが正しいのかではなく，どちらも正しいことになる．すなわち，確定記述は，ラッセルが主張するように，存在量化子とそれに付随する唯一性の条件を用いて捉えられる場合もあれば，ストローソンが主張するように，それが指し示すものが前提とされて用いられている場合もあることになる．そして，確定記述がどちらの用い方をされているのかは，当該の文が単一判断と解されるのか，それとも断言的判断と解されるのかに依拠していることになる．

7. まとめ

・話し手が発する文には，聞き手にも既知のこととして「前提」される部分と，話し手が新たに主張する「焦点」部分から成る場合があり，焦点部分には強勢が置かれる．典型的には，wh 疑問文の応答文に，そのようなパターンが具現化され，wh 句の答えに相当する部分が焦点となる．焦点部分に強勢が置かれると言っても，全体が強く発音されるわけではなく，以下の中核強勢規則に従う．

(i) ある句 α に焦点が置かれる場合，α の最も右側の語に強勢を付与せよ．

この規則により，強勢が文の最も右側の語に置かれた場合，どの部分が焦点部分と解されるかに関してあいまい性が生じる．すなわち，その場合，その語を直接含み込む句のみならず，動詞句や文全体が焦点部分と解される．焦点がどの部分に置かれているかを明示する構文として，(擬似) 分裂文がある．

・前提部分と焦点部分を持つ文においては，話し手は，前提部分は聞き手と共有されたものとして，焦点部分を新たに主張している．したがって，聞き手が話し手の焦点部分を否定することは，会話の流れとしてはごく自然なことであるが，前提部分を否定することは，変則的となる．例えば，分裂文の yes-no 疑問文に対する応答文では，分裂文の焦点化された部分を否定することは的確であるが，前提部分を否定することは，変則的である．

・否定文においては，どの部分が否定対象になっているかは，その部分に強勢を置くことによって明確化される．その場合，強勢の置かれ方は，中核強勢規則に従っているので，否定対象部分の最も右側の語に強勢が置かれる．このことから，否定対象部分はその文の焦点部分と解される．したがって，否定文において，最も右側の語に強勢が置かれた場合，どの部分が否定対象になっているかに関してあいまい性が生じる．

・even のような小辞は，その意味特性上，それが修飾する部分が文の焦点部分に一致する．even は構造上，それが修飾する句の直前に現れるかもしくは文の助動詞 Aux の周辺に生起し，以下の修飾規則に従う．

(ii)　even は，それと姉妹関係にあり隣接しているか，もしくは母娘関係にある範疇内の焦点部分を修飾する．

even が助動詞 Aux の周辺に生起する場合は，この規則の後半部分から，文全体の中の焦点部分を修飾することになる．もし主語に強勢が置かれれば，その主語を even は修飾することになるが，もし，文の最も右側の語に強勢が置かれた場合は，中核強勢規則により，どの部分を修飾しているかに関して，あいまい性が生じる．

・あるタイプの述語は，従属節の命題が真として前提とされる項を取るが，そのような述語は，叙実的述語と呼ばれる．この従属節の命題が真として前提とされるという特性は，主節が否定されようとも成立する．

このような従属節は，that 節以外に，典型的には動名詞句で表される．他方，非叙実的述語は，to 不定詞句を従属節に取る傾向がある．

・確定記述は，指し示す対象となるものの性質を言い表す部分と，それが唯一であることを印づける定冠詞 the から成り立っている．したがって，確定記述は，ある特定のものを指し示す機能を担った表現である．このような機能を担った確定記述が，現実界にはそのようなものが存在しないものを指し示すことを意図された場合（例えば the King of France），それをどのように扱うべきかに関して，ラッセルとストローソンで二つの相異なる主張が成されている．ラッセルは，確定記述を存在量化子とそれに唯一性の条件を課すことによって捉え，the King of France のような確定記述を含む文を偽であると主張する．これに対して，ストローソンは，確定記述は，話者がそれを用いる場合は，指示対象が現実界に存在することを前提としていることから，そのような表現を含む文は，前提が欠落した文であると主張する．

第 5 章

話者の視点

本章では，話者の視点が言語表現にどのように関係しているのかを考察する．話者がある文を表現する際に取る視点，もしくは「カメラアングル」を Kuno and Kaburaki（1977）は「エンパシー」（empathy）と呼んでいる．本章では，この概念が様々な言語表現の意味的特性を説明するのに有用であることを示す．とりわけ，日本語の再帰代名詞「自分」の特異な意味的特性が，エンパシーの考え方によってうまく捉えらえることを示していく．

1. エンパシー

ある状況を言語化する場合に，話者の視点が関わっていることを端的に示す例として，Kuno and Kaburaki（1977）（以下，K&K）は，以下の文を考察している．

（1）a. John hit Mary.

b. John hit his wife.

c. Mary's husband hit her. (Kuno and Kaburaki (1977: 627))

仮にジョンとメアリーが夫婦だとすると，(1a, b, c) はすべて同じ状況を言い表している．しかしながら，この状況に参画している二人のどちらに話者が視点を置いているかを考察すると，(1a) では話者の視点がニュートラルであるのに対して，(1b) と (1c) では，話者の視点がどちらかに偏っている．すなわち，(1b) では，話者の視点がジョンに置かれ，その視点から，メアリーは「彼の妻」という形で言い表されているのに対して，(1c) では，話者の視点がメアリーに置かれ，その視点から，ジョンは「メアリーの夫」という形で言い表されている．このように，ある状況を話者が言語化する際に話者が取る視点，もしくは「カメラアングル」を K&K は**「エンパシー」(empathy)** と呼ぶ．この概念は相対的な関係を表し，例えば，(1b) では，「ジョンの妻」よりも「ジョン」にエンパシーが置かれた文で，逆に (1c) では，「メアリーの夫」よりも「メアリー」にエンパシーが置かれた文であると言える．この関係を以下のように表すこととする．

(2) (1b): E (John) > E (his wife)
(1c): E (Mary) > E (Mary's husband)

K&K は，能動文とそれに対応する受動文の関係においても，エンパシーが関係することを指摘している．すなわち，(1a) の受動文である以下の文では，(1a) とは異なり，エンパシーが主語である「メアリー」に置かれていると K&K は主張する．

(3) Mary was hit by John.

K&K は，「受動化」の機能を以下のように説明している．

(4) Passivization is used when the speaker wants to describe an event with the camera placed closer to the referent of the un-

derlying object than to that of the underlying subject.

(Kuno and Kaburaki (1977: 627))

(受動化は，話者がある出来事を，カメラが基底主語が指示するものよりも，基底目的語が指示するものにより近いところに置かれた形で，記述したい場合に用いられる.)

この引用に置ける「基底主語」や「基底目的語」とは，言って見れば，「意味的主語」と「意味的目的語」に相当するもので，(3) で言えば，表面上の主語である Mary が hit の意味的目的語であることから「基底目的語」であり，John が hit の意味的主語であることから「基底主語」である. (4) の主張を裏付ける証拠として，K&K は以下の文をあげている.

(5) a. Mary was hit by her husband.
b.??John's wife was hit by him. ??His wife was hit by John.

(Kuno and Kaburaki (1977: 627))

(5a) では，her husband という表現から，her husband よりも Mary にエンパシーがあり，また，受動文であることからも，her husband よりも Mary にエンパシーがあることになる. したがって，この場合は，エンパシーが Mary に置かれている点で一貫している. これに対して，(5b) の二つの文が容認性において疑問符が付けられているのは，エンパシーの一貫性に欠けるからである.

【問題 1】 (5b) の両文がなぜ変則的であるのか説明せよ.

1.1. 「やる」と「くれる」

日本語には，英語で言えば give に相当する動詞で，エンパシーの置かれ方によって異なった形を取ると考えられる動詞が存在する. それが，

「やる」と「くれる」である．例えば，(6) の英文は，(7a) と (7b) のどちらにも翻訳可能である．

(6) Taroo gave money to Hanako.

(7) a. 太郎は花子にお金をやった．

b. 太郎は花子にお金をくれた．

この二つの日本文の意味の差は，エンパシーの概念を用いると容易に説明がつく．すなわち，(7a) のように，「やる」を用いた場合には，話者のエンパシーは行為の担い手である主語に置かれているのに対して，(7b) のように，「くれる」を用いた場合には，話者のエンパシーは行為の受け手である目的語に置かれている．したがって，「やる」と「くれる」は，エンパシーの概念を用いて，以下のように表すことができる．

(8) a. やる：E (subject) > E (object)

b. くれる：E (object) > E (subject)

「やる」と「くれる」を，このようにエンパシーを用いてその違いを捉えることを裏付ける証拠として，K&K は，以下のデータをあげている．

(9) a. 僕は太郎にお金をやった．

b. #太郎は僕にお金をやった．

(10) a. #僕は太郎にお金をくれた．

b. 太郎は僕にお金をくれた． (Kuno and Kaburaki (1977: 631))

(8) に掲げられた「やる」と「くれる」のエンパシーに基づいた意味的特性に従えば，(9) と (10) の各々の文には，以下のようなエンパシー関係が成り立っている．

(11) (9a): E (話者) > E (太郎)

(9b): E (太郎) > E (話者)

(10a): E (太郎) > E (話者)

(10b): E (話者) > E (太郎)

このことから，(9b) と (10a) が変則的であるのは，エンパシーが話者以外に置かれていることに起因することが理解できると思う．というのは，エンパシーの概念上，もしある出来事に話者自身が関わっている場合，その出来事を言い表す時には，話者は自然に自分自身にエンパシーを置くと想定するのは，ごくごく自然なことであるからである．この条件を以下のように述べておく．

(12) 以下のエンパシー関係は，変則的である．
E (話者以外) > E (話者)

【問題 2】 以下の文において，なぜ (13b, d) の文は，(13a, c) とは異なり，変則的であるのか説明せよ．

(13) a. 太郎は，花子が本をくれたので，花子にお金をやった．
b. #太郎は，花子が本をくれたので，花子にお金をくれた．
c. 太郎は，花子が本をやったので，花子にお金をくれた．
d. #太郎は，花子が本をやったので，花子にお金をやった．
(Kuno and Kaburaki (1977: 631))

「やる」と「くれる」は，以下の例が示すように，補助動詞として働くこともできる．

(14) a. 太郎が花子を助けてやった．
b. 太郎が花子を助けてくれた．　(Kuno and Kaburaki (1977: 634))

この場合も，この二つの文の意味の違いは，話者がこれらの文が表している状況の参画者のどちらにエンパシーを置いているかによっている．すなわち，(14a) では，エンパシーは「太郎」に置かれているのに対して，(14b) では，エンパシーは「花子」に置かれている．

【問題 3】 以下の文において，なぜ (15b) と (16b) の文は，(15a) と (16a) とは異なり，変則的であるのか説明せよ．

(15) a.　僕は太郎を助けてやった．
　　 b. #太郎は僕を助けてやった．
(16) a.　太郎は僕を助けてくれた．
　　 b. #僕は太郎を助けてくれた．　(ibid.)

【問題 4】 以下の文において，なぜ (17b, d) の文は，(17a, c) とは異なり，変則的であるのか説明せよ．

(17) a.　太郎は [花子が (彼に) 貸してくれた] 自動車を修繕してやった．
　　 b. #太郎は [花子が (彼に) 貸してくれた] 自動車を修繕してくれた．
　　 c.　太郎は [花子が (彼に) 貸してやった] 自動車を修繕してくれた．
　　 d. #太郎は [花子が (彼に) 貸してやった] 自動車を修繕してやった．
(Kuno and Kaburaki (1977: 635))

1.2. 再帰代名詞「自分」とエンパシー

日本語の再帰代名詞「自分」は，興味深いことに，エンパシーと密接に関わり，話者は，それが指し示す人物にエンパシーを置く特性が見られる．以下の K&K の例文を考察する (以下の文において，「太郎」と「自分」に下付きの 1 が付与されているのは，「自分」が「太郎」を指し示していることを表している)．

(18) a.　太郎$_1$は[花子が自分$_1$に貸してくれた]お金を使ってしまった.
b. #太郎$_1$は[花子が自分$_1$に貸してやった]お金を使ってしまった.
(Kuno and Kaburaki (1977: 635))

(18a) では, 関係節の中で「くれた」が使われていて,「自分」にエンパシーが置かれているのに対して, (18b) では,「やった」が使われていて,「花子」の方にエンパシーが置かれている. したがって, (18b) の変則性は, 以下の条件から導き出すことができる.

(19)　話者は「自分」が指し示す人物にエンパシーを置く.

この条件が課されると, (18a) では,「くれた」が要求するエンパシーの対象人物 (太郎) と「自分」が指し示す人物 (太郎) とは一致するので, エンパシーに関し一貫性が保たれているが, (18b) では,「やった」が要求するエンパシーの対象人物 (花子) と「自分」が指し示す人物 (太郎) とは一致しないので, エンパシーに関し一貫性が保たれていないことになる. よって, (18b) は変則的であるとみなされる. K&K は, Kuroda (1973) が提示した以下の文も, (19) の条件によってうまく説明できると主張している.

(20) a.　ジョン$_1$は, 十年前にメアリーが自分$_1$を訪ねて来た家で, 今は幸福に暮らしています.
b. #ジョン$_1$は, 十年前にメアリーが自分$_1$を訪ねて行った家で, 今は幸福に暮らしています.　(Kuroda (1973: 141))

この二つの文は, 関係節の中の「訪ねて来た」と「訪ねて行った」の部分が異なるだけであるが, (20b) が変則的である. この「〜して来る」と「〜して行く」という表現には, エンパシーが関わっていると考えるのは自然なことである. すなわち, (20a) では,「訪ねて来た」という表現によって, 訪問を受けた側の人物にエンパシーが置かれているのに対して,

(20b) では，「訪ねて行った」という表現によって，訪問者の側にエンパシーが置かれていると考えられる．

【問題 5】 なぜ (20b) の文は，(20a) とは異なり，変則的であるのか説明せよ．

2. 再帰代名詞「自分」と自覚条件

前節で，日本語の再帰代名詞「自分」がエンパシーと密接な関係にあり，話者は「自分」が指し示す人物にエンパシーを置いていることを見てきた．この「自分」の特性は，さらに関連するデータを調べていくと，単に話者が「自分」が指し示す人物にエンパシーを置いているのみならず，ある意味で，その人物に同化し，その人物に成り代わっていると言えるような特性を示す．Kuno (1972) は，このような「自分」の特性を捉えるのに，**「直接ディスコース分析」(direct discourse analysis)** を提案する．この分析によると，例えば，以下の文は，(22) のように，「自分」を含む節が，あたかも一人称で語られているかのように分析される．

(21) 太郎$_1$ は，花子が自分$_1$ を憎んでいると言った．

(22) 太郎は次のように言った：「花子が私を憎んでいる」

この分析を裏付ける証拠として，久野は「自分」には **「自覚条件」(awareness condition)** が働いていることをあげている．以下の文を比較した場合，何か意味の差を感じられるであろうか．

(23) a. 太郎$_1$ は，彼$_1$ を憎んでいる女と結婚してしまいましたよ．

b. 太郎$_1$ は，自分$_1$ を憎んでいる女と結婚してしまいましたよ．

(Kuno (1972: 184))

(23a) では,「結婚した相手の女性が太郎を憎んでいるという事実を, 太郎が知らずに結婚してしまった」という読みが可能であるのに対して, (23b) では, そのような読みは不可能で,「太郎は, 結婚した相手の女性が自分を憎んでいることを承知の上で結婚した」と解される. このような自覚条件は, 久野の直接ディスコース分析によって導き出される. この分析によれば, (23b) は以下のように分析されるであろう.

(24)　太郎はある女と結婚してしまいましたよ:「私を憎んでいる」女と

通常, 一人称である「話者」が, 自分の身に降りかかってきたことや自分の置かれた状況を述べる場合, それらの出来事や状況を知らずに述べることは不可能なので, (23b) に対して, (24) の直接ディスコース分析が与えられれば, 太郎にとって,「私を憎んでいる女」と述べることは, 取りも直さず, 太郎は結婚相手の女性が自分を憎んでいることを自覚していたことを含意する.「自分」の自覚条件を示すさらなる例として, K&K は以下の例を掲げている.

(25) a.　太郎$_1$ は, 花子が自分$_1$ を殺そうとした時, すでに陽子を遺産相続者に決めていた.

b. #太郎$_1$ は, 花子が自分$_1$ を殺した時, すでに陽子を遺産相続者に決めていた.　(Kuno and Kaburaki (1977: 638))

(25a) では, 単に「自分を殺そうとした」だけで, 実際に殺されてはいないので, 太郎が, 自覚条件に抵触することなく,「花子が自分を殺そうとした」と述べることができるが, (25b) では,「花子が自分を殺した時」という表現は, 直接ディスコース分析によれば,「花子が私を殺した時」という表現と同様の変則性を示している.

第 3 章 5 節で, 信念文脈における不透明性について説明したことを思い起こしてほしい. その節において, 以下の文が (27) に掲げられた文脈において真とみなされうることを述べた.

(26) Ralph believes that Ortcutt is a spy.
(ラルフはオートカットがスパイであると信じている)

(27) ラルフはある時浜で見かけた男をスパイであると信じている．一方，ラルフはオートカットという人物を知っているが，オートカットとラルフが浜で見かけた人物が同一人物であったことを知らなかった．

(26) において，従属節によって表された命題が，文字通り，ラルフが信じていることを表していると取る読み，すなわち不透明読み（または de dicto 読み）においては，(27) のシナリオでは，この文は偽と判断されるが，「オートカット」が誰を指示しているかが話者によって決定されるような読み，すなわち透明読み（または de re 読み）においては，真と判断されることを述べた．この説明によれば，信念文脈において，「オートカット」のような固有名詞を「自分」を含む名詞句表現に変えた場合，そのような名詞句表現が誰を指し示すかが，話者によって決定されるような透明読みは，自覚条件に抵触することになり，変則的になるはずである．Abe (1997) では，この予測が正しいことが以下の文を用いて説明されている．

(28) a. みゆきは陽一が彼女の父親を嫌っていると思っている．
b. みゆきは陽一が自分の父親を嫌っていると思っている．
(Abe (1997: 601-602))

この論文において想定されたシナリオは，「みゆきは陽一が自分の夫を嫌っていると思っているが，その夫が実は彼女の父親であり，みゆきはそのことを知らない」というようなものである．

【問題 6】 このシナリオにおいて，(28a, b) の各文は真とみなしうるか，そしてそれはなぜかを説明せよ．

3. まとめ

・話者がある文を表現する際には，それを客観的に表現する場合のみならず，ある視点，もしくは「カメラアングル」を持って表現する場合がある．このような視点もしくはカメラアングルを Kuno and Kaburaki (1977) は「エンパシー」と呼んでいる．このようなエンパシーは，例えば Mary を John の視点から John's wife と表現したり，逆に John を Mary の視点から Mary's husband と表現したりする場合が当てはまる．また，能動文とそれに対応する受動文の関係においても，受動文では主語にエンパシーが置かれている点で，能動文とは異なる．

・日本語の「やる」と「くれる」は，どちらも「与える」ことを意味しているが，その意味の違いは，エンパシーの概念を用いて明確に捉えることが可能である．すなわち，「やる」の場合は，与え手である主語にエンパシーが置かれているのに対して，「くれる」の場合は，受け手である目的語にエンパシーが置かれている．また，日本語の再帰代名詞「自分」はエンパシーと密接な関係にあり，話者は「自分」が指し示す人物にエンパシーを置く特性が見られる．

・「自分」は，単に話者がそれが指し示す人物にエンパシーを置いているのみならず，Kuno (1972) の「直接ディスコース分析」から示唆されるように，その人物に同化し，その人物に成り代わっていると言えるような特性を示す．その帰結として，「自分」には，この表現を含む出来事や状況を，それが指し示す人物が自覚していなければならないという自覚条件が働いている．

参考文献

Abe, Jun (1986) "Prepositional *To*-Infinitives in English," *English Linguistics* 3, 79–97.

Abe, Jun (1997) "The Locality of Zibun and Logophoricity," 研究報告 (1)『先端的言語理論の構築とその多角的な実証』(1-B) COE 形成基礎研究報告, 神田外語大学言語科学研究科.

阿部潤 (2008)『問題を通して学ぶ生成文法』ひつじ書房, 東京.

Chomsky, Noam (1955) *The Logical Structure of Linguistic Theory*, Plenum Press, New York.

Chomsky, Noam (1970) "Deep Structure, Surface Structure, and Semantic Interpretation," *Studies in General and Oriental Linguistics Presented to Shiro Hattori on the Occasion of His Sixtieth Birthday*, ed. by Roman Jacobson and Shigeo Kawamoto, 52–91, TEC Co. Ltd., Tokyo. Also in N. Chomsky (1972). [Chomsky (1970) のページ番号は, Chomsky (1972) のもの]

Chomsky, Noam (1972) *Studies on Semantics in Generative Grammar*, Mouton, The Hague.

Chomsky, Noam (1975) *Reflections on Language*, Pantheon, New York.

Chomsky, Noam (1976) "Conditions on Rules of Grammar," *Linguistic Analysis* 2, 303–351.

Chomsky, Noam (1980) *Rules and Representations*, Columbia University Press, New York.

Chomsky, Noam (1981) "Principles and Parameters in Syntactic Theory," *Explanation in Linguistics: The Logical Problem of Language Acquisition*, ed. by Norbert Hornstein and David Lightfoot, 32–75, Longman, London.

Dillon, George L. (1977) *Introduction to Contemporary Linguistic Semantics*, Prentice-Hall, Englewood Cliffs, NJ.

ジョージ L. ディロン(著), 安井稔(訳) (1984)『現代英語意味論』研究社出版, 東京. [本文中のページ番号は, この訳本のもの]

Fiengo, Robert and Howard Lasnik (1973) "The Logical Structure of Reciprocal Sentences in English," *Foundations of Language* 9, 447–468.

Fillmore, Charles J. (1968) "The Case for Case," *Universals in Linguistic Theo-*

ry, ed. by Emmon Back and Robert T. Harms, 1-88, Holt, Rinehart, and Winston Inc., New York.

Fodor, Jerry A. (1970) "Three Reasons for Not Deriving 'Kill' from 'Cause to Die'," *Linguistic Inquiry* 1, 429-438.

Gillon, Brendan (1984) *The Logical Form of Quantification and Plurality in Natural Language*, Doctoral dissertation, MIT.

Green, Georgia M. (1974) *Semantics and Syntactic Regularity*, Indiana University Press, Bloomington, IN.

Gruber, Jeffrey S. (1965) *Studies in Lexical Relations*, Doctoral dissertation, MIT.

Higginbotham, James (1981) "Reciprocal Interpretation," *Journal of Linguistic Research* 1(3), 97-117.

Hornstein, Norbert (1999) "Movement and Control," *Linguistic Inquiry* 30, 69-96

Jackendoff, Ray S. (1972) *Semantic Interpretation in Generative Grammar*, MIT Press, Cambridge, MA.

Jackendoff, Ray S. (1975) "On Belief-Contexts," *Linguistic Inquiry* 6, 53-93.

Jackendoff, Ray S. (1983) *Semantics and Cognition*, MIT Press, Cambridge, MA.

Kiparsky, Paul and Carol Kiparsky (1970) "Fact," *Progress in Linguistics*, ed. by Manfred Bierwisch and Karl Eric Heidolph, 143-173, Mouton, The Hague.

Kuno, Susumu (1972) "Pronominalization, Reflexivization, and Direct Discourse," *Linguistic Inquiry* 3, 161-195.

Kuno, Susumu and Etsuko Kaburaki (1977) "Empathy and Syntax," *Linguistic Inquiry* 8, 627-672.

Kuroda, S.-Y. (1973) "On Kuno's Direct Discourse Analysis of the Japanese Reflexive *Zibun*," *Papers in Japanese Linguistics* 2(1), 136-147.

Kuroda, S.-Y. (1992) *Japanese Syntax and Semantics*, Kluwer, Dordrecht.

Lakoff, George (1970) *Irregularity in Syntax*, Holt, Rinehart and Winston Inc., New York.

Lyons, John (1977) *Semantics: Volume 2*, Cambridge University Press, Cambridge.

May, Robert (1977) *The Grammar of Quantification*, Doctoral dissertation, MIT.

Quine, Willard Van Orman (1956) "Quantifiers and Propositional Attitudes," *The Journal of Philosophy* 53, 177-187.

Reichenbach, Hans (1947) *Elements of Symbolic Logic*, The Macmillan Company, New York.

Reinhart, Tanya and Eric Reuland (1993) "Reflexivity," *Linguistic Inquiry* 24, 657-720.

Russell, Bertrand (1905) "On Denoting," *Mind* 14, 479-493.

Strawson, P. F. (1950) "On Referring," *Mind* 59, 320-344.

Vendler, Zeno (1967) *Linguistics in Philosophy*, Cornell University Press, Ithaca, NY.

米山三明・加賀信広 (2001)『語の意味と意味役割』研究社，東京.

索　　引

1. 五十音順に並べ，英語で始まるものは日本語読みにした．
2. 数字はページ数を示す．

[あ行]

あいまい性（ambiguity） 8-9, 27, 39, 43, 65, 94, 100, 110, 122, 132, 140, 142-143
意味論（semantics） 1
　語彙意味論（lexical semantics） 13
エンパシー（empathy） 6-7, 161-168

[か行]

会話の含意（conversational implicature） 8
確定記述（definite description） 149-150, 152-158
格文法（case grammar） 45
関数 2
　GO 関数 24-25, 29, 41
　CAUSE 関数 26-27, 44-45
　DO 関数 40-41, 44-45
　BE 関数 24-25, 29
起点（Source） 24-25, 32, 48, 52, 54
共指示（coreference） 102, 108-111, 113-117
経験主（Experiencer） 46-47, 49, 54, 76
項（argument） 2
　外項（external argument） 48, 50, 130
　内項（internal argument） 49-50, 100
構造的同音異義（constructional homonymity） 9
語用論（pragmatics） 7-8

[さ行]

作用域（scope） 5-6, 9-10, 91-95, 97-103, 105, 151
自覚条件（awareness condition） 168-170
時制（tense） 4, 79-86, 88-89
　時制の一致（sequence of tenses） 86-89
時点
　参照の時点（point of reference） 80-86, 88-89
　参照の時点の永続性（the permanence of the reference point） 86-87, 89
　事象の時点（point of event） 79-84, 87-88
　発話の時点（point of speech） 79-80, 82-85, 87-89
姉妹関係（sister relation） 62, 66, 68, 144

集合読み (collective reading) 106, 108
修飾語 (modifier) 4-6, 10, 57, 60-62, 68, 70, 76, 84-85, 89
主題 (Theme) 23-25, 27, 29, 32, 35, 38, 40, 44-45, 47-56
主題階層 (thematic hierarchy) 51-52, 54
　主題階層条件 (Thematic Hierarchy Condition) 52-54
主題関係 (thematic relation) 23, 29-34, 36-38, 42, 44, 47, 52-54, 56
　主題関係仮説 (Thematic Relations Hypothesis) 29
手段 (Instrument) 45-48, 51
述語 (predicate) 2
　叙実的述語 (factive predicate) 146-149
　心理述語 (psychological predicate) 46
受動文 52, 54, 56, 65, 68, 70, 136, 162-163
焦点 (focus) 6, 129-144, 146, 153, 156
情報構造 (information structure) 6, 129-130, 135-136, 140
信念文脈 (belief-context) 121, 169-170
数量詞 (quantifier) 95, 97-99, 102, 108-109
　存在数量詞 100-101, 103-105, 121-122
　普遍数量詞 105-106, 108, 114, 117-118
選言 (disjunction) 104-105
前提 (presupposition) 6, 129-130, 133-135, 140, 146-149, 153, 155, 158
　前提の欠落 (presupposition failure) 153-155, 157
相 (aspect) 4
　完了相 82, 84
　進行相 83-84
存在般化 (existential generalization) 99-100, 111-112

[た行]

単一判断 (thetic judgment) 156-158
断言的判断 (categorical judgment) 156-158
単語 (word) 1-3, 6, 9
着点 (Goal) 24-25, 32, 34-37, 48, 52, 54
中核強勢規則 (Nuclear Stress Rule) 131-133, 135, 138, 141
直接ディスコース分析 (direct discourse analysis) 168-169
定項 (constant) 99-100
de dicto 読み 123, 170
de re 読み 123, 170
等価 (equivalent) 11
同義 (synonymous) 11, 39, 44, 54
統語 (syntax) 3, 68, 146
　統語構造 (syntactic structure) 3-4, 9-10, 47-48, 51, 54-55, 58, 60-62, 65-66, 131, 144
動作主 (Agent) 26-28, 31-32, 38, 40-41, 44, 46-48, 51-54, 56, 130
動詞 (verb)
　移動動詞 (verbs of motion) 23-25, 31
　活動動詞 (activity verb) 15-17, 21, 35-36
　状態動詞 (stative verb) 13-14, 17, 22, 25
　達成動詞 (accomplishment verb)

15, 17–18, 35–36, 41, 43
動作動詞（active verb）　13–15, 18, 25
到達動詞（achievement verb）　15, 18–22, 41–43
場所動詞（verbs of location）　24–25
透明読み（transparent reading）　123–124, 170
特定読み（specific reading）　100–105, 122

[は行]

場所（Location）　24–25, 48–50, 52–56
発音されない代名詞　115
母娘関係（mother-daughter relation）　62, 64, 68, 144–145
被影響性（affectedness）　50, 55
否定辞上昇（negative raising）　93
被動者（Patient）　40–41, 44–45
副詞（adverb）　4, 10, 27, 39, 57–63, 66–68, 72, 94, 143–144
主語指向副詞（subject-oriented adverb）　58–59, 65–69
文副詞（sentence adverb）　59, 61–64, 68
様態副詞（manner adverb）　58, 60, 65–66
不透明読み（opaque reading）　123, 170
不透明領域（opaque domain）　101–105, 121–122
不特定読み（nonspecific reading）　100–105, 121–122
部分的相互読み　120–121
分割（partition）　119–121
分配読み（distributive reading）　106, 108
否定　89–93, 98, 103, 134–140, 147–148, 151, 153, 157
全否定　5, 98–99
部分否定　5, 98–99
文否定（sentence negation）　90–91, 93
分裂文（cleft sentence）　132–133, 135–139, 153
擬似分裂文（psedo-cleft sentence）　132–133, 139
変項（variable）　96–97, 99, 102, 109, 112, 119, 130
束縛変項（bound variable）　109–117
変則性（anomaly）　10
方向性（direction）　35, 37
法助動詞（modal auxiliary）　67–70
根源的（root）用法　67–69
認識的（epistemic）用法　67–68

[ま行]

命題（proposition）　90–94, 99–100, 105–107, 121, 133, 138, 140, 146–148, 151, 154, 157, 170

[や行]

有界の軌道（bounded path）　35, 37, 42

[ら行]

量化子（quantifier）
存在量化子（existential quantifier）　71, 95–97, 100, 110–112, 150, 154, 158
普遍量化子（universal quantifier）

95-98, 106, 108-109, 111-112, 118
連言 (conjunction)　105
論理的含意 (entailment)　11-12, 42, 67, 97, 99-103

[わ行]

話題 (topic)　56-57
　話題標識 (topic marker)　155-156

著者紹介

阿 部　 潤（あべ　じゅん）

元東北学院大学文学部英文学科教授.

1961 年　宮城県生まれ.

1986 年　筑波大学大学院文芸・言語研究科より修士号を取得.

1993 年　コネチカット大学言語学科より博士号取得.

東洋女子短期大学専任講師，名古屋大学言語文化部助教授，東北学院大学教授を経て，現在は言語学に関する執筆・講演活動に専念.

著書：『生成文法理論の哲学的意義：言語の内在的・自然主義的アプローチ』（開拓社，2017），*Minimalist Syntax for Quantifier Raising, Topicalization and Focus Movement: A Search and Float Approach for Internal Merge*, Studies in Natural Language and Linguistic Theory Vol. 93 (Springer, 2016)，『生成統語論入門：普遍文法の解明に向けて』（開拓社叢書 26，開拓社，2016），*The In-Situ Approach to Sluicing*, Linguistik Aktuell—Linguistics Today 222 (John Benjamins, 2015), *A Movement Theory of Anaphora*, Studies in Generative Grammar 120 (Mouton De Gruyter, 2014)，『問題を通して学ぶ生成文法』（ひつじ書房，2008），『生成言語理論入門』（共著，ひつじ書房，2000）.

開拓社叢書31

生成意味論入門　　ISBN978-4-7589-1826-8　C3380

著作者　阿 部　 潤

発行者　武 村 哲 司

印刷所　日之出印刷株式会社

2018 年 4 月 18 日　第 1 版第 1 刷発行©

発行所　株式会社　開 拓 社

〒113-0023 東京都文京区向丘 1-5-2

電話 (03) 5842-8900（代表）

振替 00160-8-39587

http://www.kaitakusha.co.jp